# ウケる人、スベる人の話し方

放送作家
即興力養成講師
渡辺龍太

PHP

# はじめに

早速ですが、次の2つの例を見比べてください。

この話で笑わない
ヤツは、センスなし!
オレが振ったのに
返しがつまんね〜
そんな話よりさ〜
こんなことが
あってさ〜
ちゃんとツッコめよ!
オレがスベった
みたいだろ……

この話題のウケ具合は
どうかな?
この人には
こんなテイストかな〜
本当ですか?
ボクだったら絶対
○○しちゃいます(笑)
あれ!?
ひょっとしてボク
スベっちゃってます?

いかがでしょうか。

この両者のどちらが「スベる人」であるかと言われれば、100人中100人が、当然のように前者の、1枚目のイラストの人物だと答えるでしょう。


前者は、いうなれば**「素人お笑い評論家」**です。

この人たちは、「そこはこう話すべき」とか、「オチはこうあるべき」などと、まるでお笑いの専門家のようにふるまい、話したりしています。

しかし、周りからは煙たがられて、むしろ「スベる人」扱いされてしまっています。


一方、後者は、**「一般社会でウケる人」**です。

この人たちは、別にお笑いに特別詳しいわけでも、誰も知らないような「秘伝のウケを取る技術」を知っているわけでもありません。

ですが、一緒に話していて会話が盛り上がるので、「ウケる人」と認識されています。


しかし、**今、多くの人は、前者の「素人お笑い評論家」となってしまっています。**

その理由としては、大規模なお笑いブームがあり、テレビのバラエティ番組で芸人のフリートークを見聞きする機会が増えたからでしょう。その結果、素人でもお笑いのテクニックやウケを取る技術に、表面的に詳しくなったことが挙げられます。

それに加えて、最近は「コミュニケーション能力」が新入社員に求められる能力の1位となるなど、「面白い話をすること」に対するニーズが、以前より高まっています。

そのために、何とか面白い話をしようとして、身近な存在であるお笑い芸人のテクニックを、浅く真似したがる人が増え、素人お笑い評論家が増えていると私は考えています。

ですが、多くの人は、大きな勘違いをしてしまっています。

それは、**一般社会で普通の人が笑いを取る方法と、テレビでお笑い芸人が笑いを取る方法は、明確に異なるということです。**

世間では、お笑い芸人のような複雑なことを言いたがる人が多くいますが、**普通の人は会話中に、「誰でも言える、単純でカンタンなことでよく笑っている」のです。**

この視点が足りないばかりに、どれだけ話を面白くしたいと思っていても、空回りして、スベる人になってしまっているのです。

## ウケる人は、単純でカンタンなことしか話していない！

なぜ、私がこのように思うのか。そのルーツは私自身の経験にあります。

実は昔、かくいう私も、「素人お笑い評論家」のようになっていた時期がありました。

お笑い芸人を志していた高校生の頃、当時の私は、一種のお笑いマニアのようになっていて、尖《とが》ったことだけが面白いというポリシーを持っていました。

もちろん、そんな素人お笑い評論家のネタがウケるはずはありません。

しかし、何を思ったのか、その頃のスベっていた私は、「人を笑わせるために、もっと尖らなくてはならない」と思い込んでいました。そこで、もっと尖ったお笑いを求めて、なんとか親を説得して、大学生としてアメリカに留学することにしたのです。


渡米した当初は、相変わらずで、あきらめて日本に帰ろうかと思ったこともありました。しかし、ちょうどその頃、**「インプロ」**というアドリブトーク術に出会ったのです。

「インプロ」とは、日本語に訳すと「即興力」。その場その場の状況に応じて、即興で場が盛り上がる会話ができるようになるコミュニケーションメソッドのことです。

そこで、私は、とても衝撃の体験をしました。それは、**ただインプロのインストラクターが指示した通りに話しただけで、それを聞いていたアメリカ人が、突然笑い出したのです。**

しかも、正直に言って、話している私自身がそこまで面白いと思えない、とてもカンタンで、単純な、誰でも言えるような内容だったのです。

それにもかかわらず、周りの人がそれを聞くと「面白かった！」と言うのです。

これは、尖ったカッコいい笑いを追い求めてきた「素人お笑い評論家」の私にとって、本当に目からウロコの体験でした。**この瞬間、「大半の人は、誰でも言える、単純でカンタンなことでよく笑う」という事実に気づいたのです。**

この法則に気づいた私は、その後、本格的にアメリカでインプロを学びました。

そもそも**インプロは、それ自体が、科学的に研究されたメソッドで、誰でも身につけることができるように習得術が用意されています。**

その体系的にまとめられた「人間が笑う話のロジックのパターン」を、私は1つずつ自分の頭に叩き込んでいきました。

そのおかげで、帰国後、私はお笑い芸人になることはできませんでしたが、NHKの番組でディレクターとして働いたことをきっかけに、放送作家として活動することができました。今では、放送作家としてプロのお笑い芸人や俳優の方にトークを指導した経験を活かしながら、一般の方向けのアドリブトーク講座も受け持ち、成果をあげています。

その理由は、「芸人の世界でウケるパターン」と「一般社会でウケるパターン」の違いを正確に把握し、普通の人を「シンプルにウケる人」に変えるメソッドを確立したからです。

## ウケる人になるためには「スべる理由」を知るのも重要

よって、本書では、**インプロをマスターした私の知識と経験から、普通の人がシンプルにウケるためのアルゴリズムを、誰でも真似できるように紹介・解説していきます。**

その中で、日本のお笑い芸人の例も入れていくつもりです。

ただし、よくある書籍のように、特定のフレーズを真似してください、なんてことは言いません。必ず「誰でも、すぐできる」考え方やノウハウに、逐一落とし込んでいます。

また、ウケる人側のアルゴリズムを学ぶだけでは不十分だと思い、**スベる人側のアルゴリズム＝「なぜ、素人お笑い評論家になってしまうのか」という視点も盛り込みました。**

なぜなら、多少、ウケる回数が増えたとしても、頻繁《ひんぱん》に周りをドン引きさせるようなスベり方をする人を、周りは誰も「ウケる人」と認識しないからです。

そのため、本書は、**ウケる人とスベる人を終始対比させる形で、その考え方の違いを述べていく形式としています。**

現状、あなたがどんなに他人から「スベる人」と思われていようと、関係ありません。「ウケる人になりたい」という意思と、学習意欲と、この本があれば十分です。

本書を読めば、ウケる人、スベる人の考え方の違いが一目でわかり、ウケる人になれるはずです。というわけで、「ウケる人」になった明るい未来を想像しながら、楽しく読み進めていってください。

目次　ウケる人、スベる人の話し方

# 第2章

# ウケる人の考え方、スベる人の考え方

# 第3章 ウケる人のコミュニケーション、スベる人のコミュニケーション

# 第4章

## ウケる人の話し方、スベる人の話し方

# 第5章 ウケる人の対応力、スベる人の対応力

ブックデザイン：小口翔平＋山之口正和（ｔｏｂｕｆｕｎｅ）
イラスト：柴田昌達
著者エージェント：アップルシード・エージェンシー

本書を使い尽くすための

# 3つの心得

## 1 ツッコミより「ボケ」を学ぼう

「はじめに」で述べたように、スベる人の多くは「素人お笑い評論家」です。彼らは人のお笑いを批評するだけあって、「ツッコミでウケを取ろう」と意識している人が大半です。つまり、今の日本では、**ツッコミ側の人ばかりで、ボケが供給不足となっています。**そのため、この本では「ボケのテクニック」を数多く紹介することにしました。質の高いボケを提供して、引っ張りだこなウケる人になりましょう！

## 2 「自分が面白いと思うかどうか」は関係ない

ウケる人は、とにかく相手が面白いと思えばOKと考えています。それさえ達成すればいいので、実は、自分の話を自分で面白いと思うかどうかには、それほどこだわっていません。むしろ、**「相手が面白いと思うことは何か?」を常に考えているのです。**大人の口には決して合わないけれど、子どもには大人気の激甘カレーを作る母親のように、会話している最中は「相手の好み」だけに集中しましょう！

## 3 スベらなければ、ウケる人にはなれない

誰しも、突然明日からウケる人になるわけではなく、時にはスベることも必要です。なぜなら、「こうするとスベるのか」という経験を肌で感じることで、同じ失敗を繰り返さなくなるからです。というわけで、**ウケる人になるためには、スベる経験も非常に大切です。**スベってしまったら、それもデータ収集と割り切って、スベった要因を分析するのです。そうすれば、いつしか自然とウケる人になれているはずです。

# 第1章

# ウケる人の「会話の公式」7カ条

# ウケる人は ヒトを気にする

# スベる人は ネタを気にする

この本を手にとった皆さんに、ぜひ座右の銘としてもらいたい言葉があります。それは、タモリさんの名言である、「**やる気のある者は去れ！**」という言葉です。

タモリさんいわく、「やる気のあるやつは物事の中心しか見ていない。でも、お笑いっていうのは、その周辺から面白いものが始まっていく。だから、真ん中しか見ないやつは全然ダメ」ということです。

これは、私がこれまで見てきたスベる人の多くが勘違いしている点です。つまり、**自分の関心があることにしか目が向かず、ウケる雰囲気作りをおろそかにしている**のです。

実は、私も昔、このパターンにハマっていたことがあります。18歳ぐらいの頃、お笑いの養成所を覗《のぞ》いてみようと、1日ワークショップに行く機会がありました。

この頃の私は、「ウケたい！」というやる気を非常に強く持っていたので、自己紹介がてらに行う「ネタ作り」にこだわり抜き、当日までその制作に没頭していました。

ワークショップ当日、私は自信満々に教室に入りました。

そして、めちゃくちゃ早口で「どーも！　渡辺龍太です。学校でモノマネが上手《うま》いって言われてます。よろしくお願いします」と思いっきりハードルを上げた自己紹介をしました。そして、息をつく間もなく、ちょっと鼻を詰まらせたような声で、

「どうも、田中眞紀子です。外務省はですね、伏魔殿のようなところでございまして。えぇまったく。あはははは……」

と、当時話題となっていた政治家の田中眞紀子さんのモノマネを、声・手の動き・表情などを駆使して全力で披露したのです。

しかし、モノマネを披露した後の教室は、驚くほどシーンとしていました。

私は、「えっ、学校ではウケていたのに！」という驚きと恥ずかしさのあまり、ただでさえ小さい声を、さらに小さくさせながら、なんとかその場を取り繕って席に戻りました。

## 目の前の「誰か1人の反応」に注目する

この時の私が失敗した原因は明白です。「笑わせてやる」というやる気がありすぎるあまりに、「自分がどんなネタをするのか」という、物事の中心しか見ていなかったのです。

こんな時、**ウケる人は「目の前にいる人の反応」をよく見ています。**これこそタモリさんが言うところの「周辺の出来事」です。ウケる人というのは、目の前の人をよく観察し、笑いを欲している雰囲気を感じ取った時、そこで初めて冗談を言っているのです。

ですから、**ウケる人になりたければ、目の前の「誰か1人の反応」に注目しましょう。**

例えば、先ほどの例で言えば、「私、モノマネが上手いんです」と自己紹介した時に、そこで誰か1人の反応に注目する必要があったのです。

そうすると、その人は必ず、興味を示してくれたり、無反応だったり、何らかのリアクションを示すはずです。

その瞬間に、「そんなに期待されるほどじゃないですよ！」とか、「興味なさそうですけど、見てくれたらきっとわかりますよ！」とか、**見ている人と自分をつなげる言葉を投げかけられたはずです。**

**こうして、聞き手とつながることで、ウケるための土壌ができていくのです。**

それをしないで、急に自分の都合でネタを披露してしまうと、聞き手は心の準備が追いつかないので、かなり高い確率でスベってしまいます。

ウケる人になりたければ、「ネタよりヒト」という感覚を持つことが大切です。

## ウケる人の「会話の公式」①
## やる気のある者は去れ！

## ウケる人は 打席を作る

## スベる人は 打席を待つ

ダウンタウンの松本人志《ひとし》さんと言えば、笑いのカリスマとして有名です。テレビの大喜利形式の番組などでも奇想天外なボケを繰り返し、笑いを取っています。

実はそんな松本さんも、毎回速攻でウケているわけではありません。回答のフリップを出した瞬間は、何とも言えない空気が流れていることもあります。

しかし、そうやって大喜利の回答が弱かった場合でも、松本さんはとことん粘ります。

「いやいやいや～、これは、ある種ね。ある種やねん！」

このようなセリフを言いながら、ウケるまで粘ってボケ続けている松本さんをよく見かけないでしょうか？

こうやって、松本さんが粘り強くボケ続ける理由は何かと言うと、**「笑いの打席」を増やすためです。**「笑いの打席」とは、冗談を言うなどして、相手から笑いを取ろうとして何かを発言した回数のことです。

例えば、数人で集まって1時間ほど雑談をしたとします。

仮に、それぞれの「笑いの打率」が同じだとすると、一番多く発言した人がウケる回数が多くなり、結果として「ウケる人」という印象を持たれることでしょう。

だから、**とにかく「笑いの打席」に立たないことには、ウケる人にはなれないのです。**

とはいえ、この本を読んでいる皆さんの多くは、松本さんのように、とにかく粘って「笑いの打席」を増やすなんて、とうてい無理だと思っていることでしょう。

ですが、「笑いの打席数が下がってしまうパターン」を正しく理解すれば、少なくとも今よりは、笑いの打席に立つことができるようになります。

## 笑いの打席に立てない「3つのパターン」

実は、笑いの打席数が下がってしまう原因は、次の3つに分けることができます。

1. 自分より「ウケる人」がいるため、口を挟める雰囲気ではない
2. 相手のことをよく知らないために、アクションを自ら避けている
3. 一度スベってしまったので、次のアクションを怖がっている

**1〜3は、原因は違えど、自らアクションを起こすことを避けてしまっている状態です。**

私のワークショップでは、生徒がこういうパターンに陥っている時、私はとにかくアクションを起こすことの重要性を細かく説明します。

自分よりウケる人がいる時は、何もしなくてもスベっても結果は変わらないので、どんどんアクションを起こしましょう。

相手のことをよく知らない時は、相手を知るために自分からアクションを起こして、ど

うしたらウケて、どうしたらスベるのか、相手の情報を引き出しましょう。

一度スベってしまった時は、もう失うものは何もないので、どんどんアクションを起こしましょう。

ここで大切なのは、仮に再びスベってしまったとしても、「これを言うとスベる」という新たなデータを入手できることです。だから、私はワークショップで生徒を送り出す時に、**「自信がないなら、逆に、最低5回はスベって来て！」と言います。**

そうすると、どこかでコツをつかんで、一度ぐらいはウケるようで、「渡辺さんの言うように、チャレンジしてよかった！」という報告を耳にすることがよくあります。

というわけで、ウケる人になりたかったら、笑いの打席数を増やすために、「ダメ元でもチャレンジ」ということを肝に銘じておきましょう。

## ウケる人の「会話の公式」②
## ダメ元でもチャレンジ！

## ウケる人は 対立関係を作る

## スベる人は 上下関係を作る

「お前らにはつくづくだよ！」というセリフが有名な出川哲朗《てつろう》さん。
「殺す気か！」「訴えてやる！」が有名な上島竜兵《うえしまりゅうへい》さん。

この2人は、日本を代表するリアクション芸人です。別の言い方をすれば、イジられることで笑いを取る専門家とも言えます。

さて、そんな2人の共通点が何か、わかるでしょうか？

その共通点とは、**「上下関係を排して、対立関係を大切にしている」**ことです。

言い換えると、イジられることで人を笑わせるプロは、一見、上下関係の下のほうにいるように見えるものの、**実際には対等な関係の中でウケるやり取りをしている**、ということです。

これは、反対の場合を考えるとわかりやすいでしょう。

よくある例が、学校や会社で、後輩や部下をイジって笑いを取っているつもりの人です。彼らは他人をイジるうえで、普段の上下関係の中でそれをやってしまっています。

しかし、上下関係の中でイジりをやってしまうと、イジられる側から「お前らにはつくづくだよ！」「訴えてやる！」というような、対等さを感じさせる言葉は出てきません。ほとんどの場合、イジられる側からは、「やめてくださいよ！」とか、「えーマジですか？」というような、上下関係の下であることを感じさせる言葉が出てきます。

このような、**上下関係を保ったままのイジりは、イジられた側や、見ている人の中に、非常に悪い後味を感じさせてしまいます。**だからこそ、イジる側とイジられる側が対等にやり取りできるような、対立関係が必要なのです。

## 自分から過剰なリアクションを取れ！

もう少し詳しく「対立関係」について解説します。**ウケる人同士の会話には、プロレス的な「対立関係」が、すぐに構築される傾向があります。**

例えば、ウケる人同士が、ボーリングをやっていたとします。

その時に、誰かがストライクを入れた瞬間から、「やられたぜ！」とか、「おい、何やってんだよ！」と、プロレス的な会話が始まります。そして、お互いにスコアを過剰に自慢したり、悔しがったりしながら、面白い展開が続きます。

こういったプロレス的な展開をやりたかったら、**まずは、過剰なくらい目立つリアクションを取ることから始めてみましょう。**

例えば、ウケる人がストライクを出した時に、過剰にひがんでみるという感じです。

そのひがみが合図となって、ウケる人が、あなたに何らかの楽しい技をかけてくれる可能性が高くなります。ちなみに、ドリフターズのコントから、現代の漫才まで、お笑いってかなりの確率で、こういうプロレス的な展開になっているから面白いのです。

さて、スベる人同士が同じようにボーリングをやった場合、どうなるでしょうか？　たいてい、上下関係を作ろうとして、雰囲気はまったく別物になります。

先輩がストライクを入れると、後輩は「すごいですね！」と褒めます。そして、後輩がガーターを出せば、皆が笑います。また、後輩がストライクを入れると、「調子乗るなよ！」と、次に球を投げる時に先輩が邪魔をしてガーターを出させるなどの、ボケと称したイジメが始まります。

## ウケる人の「会話の公式」③

# プロレス的対立関係を意識する

だから、特にあなたが先輩である場合、こうした上下関係的な「イジメに限りなく近いイジリ」を避けたければ、プロレス的な対立関係を意識したうえで、自分から普段の上下関係を打破するような過剰なリアクションを取ることを肝に銘じておきましょう。

## ウケる人は　ツッコミの「間」を重視

## スベる人は　ツッコミの「言葉」を重視

よく、「ツッコミというのは、アメリカにはないんだよ！　だから、アメリカのコメディアンはコンビじゃなくて、1人でスタンダップコメディみたいなことをやる人が多いんだよ」とわかったように話す人を見かけます。

アメリカでインプロや、スタンダップコメディを学んだことがある私としては、その発言を否定せざるを得ません。なぜなら、スタンダップコメディにも、ツッコミの要素がまったくないわけではないからです。

とはいえ、そうした人が指摘するように、スタンダップコメディアンは1人で芸を披露

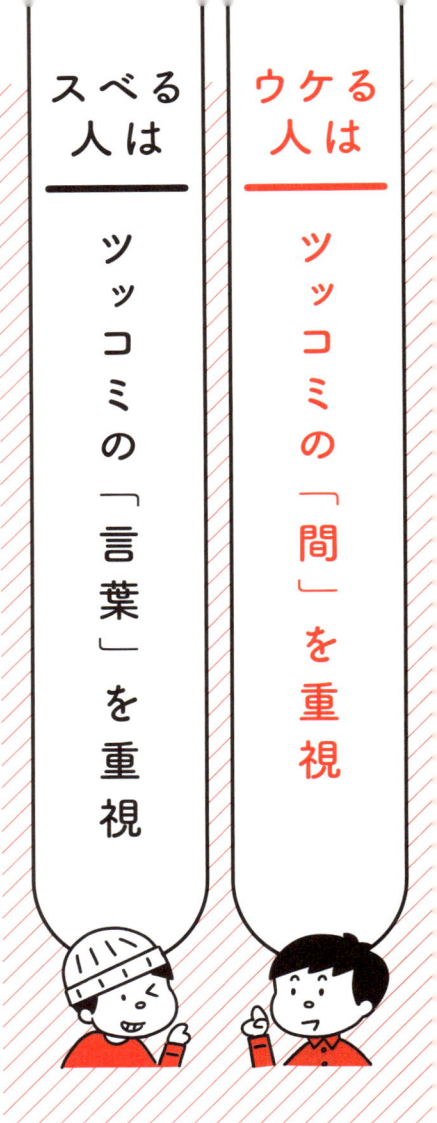

しています。それなのに、どうしてツッコミが存在しているのかというと、**ツッコミとは言葉ではなく、「間」で行うものだからです。**

例えば、アメリカ人が冗談を言った後に、顔をしかめたりしながら、一時的に黙る「間」を設けているのを見たことがありませんか？

この間があることで、聞き手は話者の発言をボケだと認識し、発言のおかしな部分を正確に把握することができるのです。

このように、アメリカ人の会話では、話し手がきちんと「間」を用意しておいて、その間に聞き手が脳内でツッコミを行うことで、笑いにつながっています。

言ってみれば、**この「間」さえしっかりと用意してあげれば、聞き手は「そこが笑うポイントなのか！」ということを理解して、笑いが巻き起こるのです。**

ですから、もしあなたが、誰かにツッコミを入れる時に「気のきいたことを言わなければならない」とか「相手を叩かなければならない」とか「威勢よく、大きな声を出さなければならない」と考えているなら、今すぐ、その考え方を捨てましょう。

なぜなら、「間」でツッコむという概念を理解していない一般の人が、それ以外のことを意識し始めたら、ツッコミとして適切な「間」を示せなくなるからです。

## ツッコミは、なるべく短くシンプルに

その代わりに、ツッコミを入れたい時は、細かいことを一切考えずに、相手の話に疑問や矛盾を感じた瞬間に、何らかのアクションを起こしてください。

**オススメなのは、「え?」とか、「何ですか?」などのシンプルな一言です。**

プロのお笑い芸人のツッコミをイメージすると、どうしても、叩いたり、大きな声をあげている瞬間が目立つので、そこばかりが印象に残っている人が多いと思います。

しかし、バラエティ番組などを注意して見ればわかると思いますが、彼らはかなりの頻度で、「え?」とか「何?」とか、非常に短いシンプルな言葉でツッコんでいます。

具体例を挙げるなら、いつも誰かを叩きながらツッコミを入れているイメージの強いダウンタウンの浜田さんも、「え?」とか、「どういうこと?」などと、短い言葉だけでツッコむことがよくあります。

また、『ホンマでっか!?ＴＶ』で、明石家さんまさんが、評論家の先生にツッコミを入れる時、「え？」という一言でツッコミを入れていることがよくあります。

実際、さんまさんは、後輩芸人から「ツッコミで一番大切なことは何ですか？」と聞かれた時に、大きな声で「間や！」とテレビで述べていました。

要するに、**人を叩いたり、強い言葉を使ったツッコミは、サッカーで言えば、オーバーヘッドシュートみたいなものなのです。**目立って印象には残るものの、毎回のように狙って使うものでは決してありません。

ですから、ウケる人になりたいのであれば、複雑なことは考えず、自分の中に疑問が湧いた瞬間に、「え？」「何？」といったシンプルな言葉を発してみるようにしましょう。

## ウケる人の「会話の公式」④
# ツッコミは「間」がすべて

## ウケる人は 他人と自分のネタを区別しない

## スベる人は 他人と自分のネタを区別する

私のインプロのワークショップでは、「盛り上がるアドリブトーク」というお題で、設定だけ与えて即興で会話をするトレーニングがあります。

しかし、そこで初心者の方は、次のような会話をしがちです。ここでは、親子という設定で話しています。

子「おかあさん、大変。転んで大怪我しちゃった!!」
母「え？　大したことないでしょ。そんなことより、宿題やったの？」
子「やったよ。でも、それどころじゃないよ。足が痛くて……」

母「気にすることないわよ！　本当に宿題やったか、見せてごらん？」

一見、どこにでもいる、母と子の会話に見えると思います。しかし、これは、アドリブトークを盛り上げる上では、かなりよくない会話の流れです。

まず、子ども側は「大怪我をした」という話題を振りました。しかし、次に母親側は、その設定をチャラにして、「宿題」という別の話題を立ち上げました。

ですが、その次に、子ども側は再び「大怪我」というテーマで会話を進めようとします。それを受けて、母親は再び「宿題」というテーマに戻してしまっています。

このように、**相手が話そうとした話題を潰して、すべて自分色に染めるような話し方をする人は、スベる人になりがちです。**

なぜなら、会話のメインの話題について、皆がしっかりと掘り下げて会話をしない限り、そもそも会話が盛り上がっていかないからです。

ですから、**スベる人になりたくなければ、まず相手の話題を受け入れるようにしてください。**

## ウケる人は、まず「そうですね！」と言う

一方、ウケる人はどうするかというと、**他人と自分のネタを区別せず、他人のアイデアに上手く乗ることができています。**

先ほどの、母親と子どもの即興トークにおいて、お互いの話題に乗ることができている2人だと、次のように変わってきます。

子「おかあさん、大変。転んで大怪我しちゃった!!」
母「大変！　こんなに血が出ちゃって！　さあ、このハンカチで止血しましょう！」
子「痛い!!!!　こんなに痛いなら、血なんか止まらなくてもいい」
母「止めなきゃダメでしょ！　そうしないと、あんたの命の火も止まっちゃうわよ！」

この分量では、この会話は、とりわけ面白いとは思えないかもしれません。しかし、最初のダメな例の会話と比べると、この先の展開が読めなくなっていると思います。

このように、**相手の出してきたアイデアに、自分のアイデアをプラスするという形で会話が続くと、お互いに先が読めなくなります。**だからこそ、もっと話したくなり、もっと先が聞きたくなる会話となってウケる話が出やすくなります。

具体的には、**相手が何か話した後に「そうですね！」と、同意の言葉を述べてから、自分の意見を加え、その先の会話を進めることです。**

これは、インプロの基本概念の1つである**「Yes, and 自分の意見」**という考え方を取り入れたものです。アドリブトークをする上で、相手が出してきたアイデアを、肯定的に受け入れることの重要性を説いたものです。

ですので、まずは「そうですね！＋自分の意見」と言うことを意識するだけで、話の先の展開が読めなくなり、ワクワクしたウケる話が頻発する会話になるはずです。

ウケる人の「会話の公式」⑤

## 「Yes, and 自分の意見」と心得る

## ウケる人は 常にギャップを出す

## スベる人は 常にそのまま出す

冷静に聞くと、たいした内容ではないのに、ウケる人が話すと、面白く聞こえるということはよくあります。

例えば、千原《ちはら》ジュニアさんは、テレビで腹が立った後輩の話などを、よく披露して笑いを取っています。しかし、そのダメな後輩について、ジュニアさんほど売れていない芸人が語ると、たいして笑えなかったりするのです。

どうして、同じ人物の話をしているのに、笑いに違いが生まれるのでしょうか？

それは、ウケる人は、**常に聞き手の想像を裏切るように、話を構成しているからです。**

一方で、スベる人は、聞き手の予想と実際の話とのギャップが小さめで、事実を時系列順に淡々と伝えているだけだったりします。

さて、私にも、笑える困った後輩がいます。その人のダメっぷりを、先に紹介したジュニアさん風に紹介すると、次のようになると思います。

「1年ぐらい前、アラサーの後輩たちと一緒に旅行に行く予定だったんですよ。

でも、1人から出発の2日前にLINEで『旅行はキャンセルさせてください』って連絡が入ったんです。**その理由が、アホすぎてビックリしました！**

だって、『自主映画の制作のため』ですよ（笑）。斜め上を行きすぎでしょ！

しかも、そいつに**『何で急に映画を撮ることにしたの？』って聞いたら、**『金欠だったから』とかわけのわからないこと言うんですよ。

だから、**『どういうこと？』って聞いたら、**自分なら映画祭で賞金取れるって感じて、全然違う仕事してるのに、自腹切って、生まれて初めて映画撮影したらしいんですよ。

そしたら、思ったより大変だったらしく旅行に行けなくなったって言ってました。完全に世の中なめてますよね！　ちなみにですけど、その後輩、結局賞金は取れなくて、制作費の出費だけが残ったって言ってました！（笑）」

## 聞き手の予想を裏切る笑いのテクニック

早速、聞き手の予想と、実際の話とのギャップを順番に見ていきましょう。

そもそもの基本として、**意外なことと、笑いとは近い関係にあります。**

ですから、とにかく、相手に「えー!?」と言わせるように話すのがポイントです。


最初、「旅行のドタキャンが起きた」と言い、聞き手に、その理由を想像させます。

重要なのは、その次の発言「その理由が、アホすぎてビックリしました！」です。

なぜなら、これを言うことで、**聞き手に「身内の不幸などの一般的な理由ではない、アホなドタキャン理由って何だろう？」と、想像する時間を与えているからです。**


そしてその直後、キャンセル理由が「自主映画の制作」であると明かされます。

おそらく、理由を聞く前に「自主映画の制作」と想像できる人は、1人もいないはずです。ですから、聞き手は「えー!?」となって、笑いが生まれるのです。

その後も、同じ仕組みで、聞き手の予想を裏切る、驚きの笑いの連続になっています。

・「映画を撮った理由は何？」→「金欠だから」→「えー!?」
・「映画撮ると稼げるの？」→「うん、でも映画撮るのは初めて」→「ええー!?」

**先の例文で傍線が引いてある部分は、聞き手に「あなたの予想は何ですか？」と考えさせる時間を作るための部分です。**

そこで時間を設けて、聞き手に先の展開を読むという行為をあえて促すことが重要です。なぜなら、それをした後に、とても意外な展開を話し手が提示すると、聞き手の驚きは倍増するからです。

自分の体験をウケる話として披露したければ、「意外なことを言う前に、相手に予想させる」ことを肝に銘じてください。それだけで、話がかなりウケるようになります。

## ウケる人の「会話の公式」⑥
# 聞き手に想像する時間を与える

# ウケる人は正直である

# スベる人はウソがある

ＮＨＫの『鶴瓶《つるべ》の家族に乾杯』という番組を見たことがあるでしょうか？　司会の笑福亭鶴瓶さんが、町で出会ったさまざまな素人の方と接して会話を繰り広げていく番組です。

この番組で、鶴瓶さんは、強烈なボケをかました素人の腕をつかんだりしながら、「この人、こんなこと、言うてはりますけど、ホンマはスゴイ社長さんでっせ！」と、満面の笑《え》みで会話をしながら笑いを取っています。

その発言は、ただテンションを上げようとしている若手芸人と違い、ウソっぽくなく、自分の感じたことを正直に表現しているように見えます。だから、視聴者も「そうだよね！」と共感して、思わず笑ってしまうのです。

このように、**正直に気持ちを伝えることは、ウケる人になるうえで必須の要素です。**

一方、こうした大物タレントの「正直さ」について、私の目から見て、多くの人が誤解しているな、と思うところが2つあります。

まず1つ目は、大物タレントの演技力が高く、ウソをウソっぽくなく見せる技術が高いという誤解です。

もちろん、そういう技術を持っている人もいます。しかし、実はウソをウソっぽくなく見せるスキルは大変に高度な技術です。むしろ、**多くの大物が持っている技術は、自分の正直な気持ちをウソなく正確に伝えるという技術なのです。**

2つ目に、彼らは大物であるためにウソをつく必要がなく、いつでも自分の思ったことを言えているという誤解があります。

しかし、これは順番が逆です。自分の正直な気持ちをウソなく正確に伝える技術を磨いたからこそ、大物になったのです。それだけ、ウケる人になるためには、ウソを避けるということが、とても重要なのです。

## 「それ、どういうこと？」は魔法の言葉

それにしても、どうして話にウソがあると、スベる人になってしまうのでしょうか？

実は、笑いが起きるためには、**その過程のすべてがクリアである必要があるのです。**

要するに、会話の内容や流れが良くても、ウソっぽい感じが少しでもした瞬間、聞いている側は「それ、ウソだよね？」と困惑して意識が逸《そ》れてしまい、笑えないのです。

一方、ウケようと思うあまりに、ついついウソをついてしまうこともあるはずです。

**正直に話すためのコツは、会話をしている相手を信頼することです。**

会話には必ず相手がいます。ですから、相手の話を聞いて、自分が正直に面白いと思ったところを、相手に詳しく聞けばよいのです。

この流れが上手くいくと、正直に話す人と思われるだけでなく、「他人の面白い話を引き出すことができる人」と周りから見え、ウケる人と思われるようになります。

とはいえ、相手が興味のない話ばかりしている場合は、どうしたらよいのでしょうか？
そういう時は、とにかく、**自分がその話に興味を持てるように、細かく「どういうこと？」と、質問してみましょう。**

話題を細かく掘り下げると、お互いに「そういうことだったんですね！」とか、「難しすぎましたね」と、どこかでお互いが共感する瞬間がやってきます。そういう時は、あえて冗談などを言って笑いを起こすのとは違う、「共感」から発生する自然な笑いが起きることが多くなります。

このように、会話している相手を信頼して、自分が興味を持てることについて正直に話すこと。これが、自然にウケるための何よりの最短距離なのです。

ウケる人の「会話の公式」⑦

## 自分の話にウソを混ぜない

# 第2章

# ウケる人の考え方、スベる人の考え方

## ウケる人は フリが短くオチが大きい

## スベる人は フリが長くオチが小さい

「スベる人は、話が長い」

読者の皆さんも無意識に、このようなイメージを持っていないでしょうか。

たしかに、スベる人は話がつまらなくて聞き手が飽きてしまうから、ウケる人に比べて話が長く感じる、というのも一因ではあります。

しかし、実際にウケる人とスベる人では、そもそもの話の構造に違いがあるのです。

**ウケる人は、話のフリが短くて、オチが大きい傾向があります。**

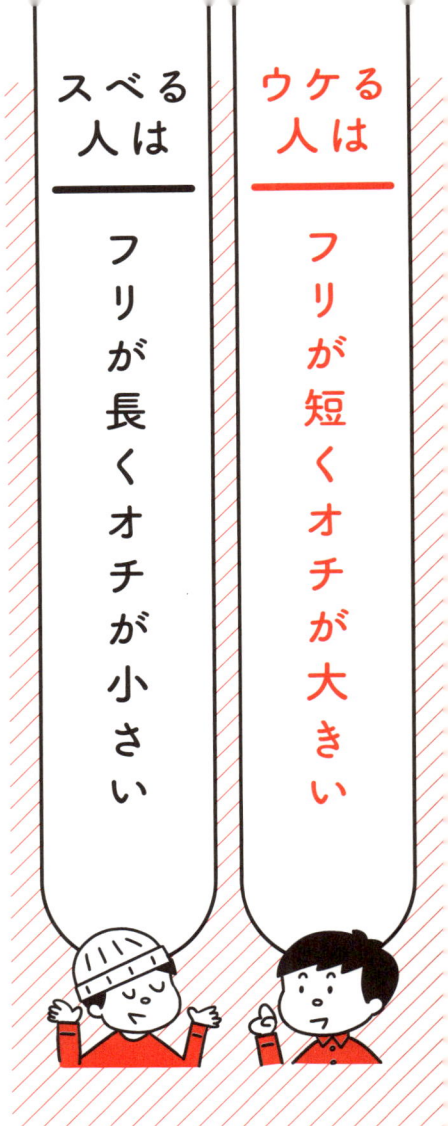

一方、**スベる人は、話のフリが長くて、オチが小さいという傾向があるのです。**

つまり、聞き手が「笑いどころはどこなんだ？」と思いながら長々と話を聞いた結果、その割にオチが小さくて笑えないなどということになると、とても退屈で話が長く感じるのです。

とはいえ、普段、話のフリやオチなんて、まったく意識したことがないという人も多いと思います。ですので、ここではフリとオチについて、具体例を用いて解説していきます。

次の文は、私のワークショップの生徒が、通い始めた頃に話してくれたスベる話です。

「さっき、コンビニで、ちょっと美味《おい》しそうに見えなくもない感じのパスタが１つ、あったんです。だから、買おうかなって思って、ちょっと見てたんです。そしたら、後から来た人が、そのパスタを手にとっちゃったんです。１つしかないから、がっかりしたんだけど、その人、なぜかその後で急に買うのをやめたんです。だから、人が触った後でちょっと嫌だったんですけど、どうしても気になってしまったので、結局買ってしまいました。でも、味は思いの外、普通だったんです！　この話、面白くないですか？」

見ての通り、フリがダラダラと続く割にはオチはフリとの落差もありませんし、そもそも何が言いたいのかもよくわからない、スベる人によくありがちなパターンです。

## 短い話は、ウケるチャンスも倍増する

一方、ウケる人が同じ話をすると、どうなるのでしょうか？

ここは1つ、ビートたけしさん風の話し方で、フリを短く、オチを大きく変えてみます。

「この前コンビニでよー。近所のマヌケなバアさんと取り合いになったぐらい、うまそうなパスタがあってさ、そんで、何とか奪い取って、買って食ったんだよ。そしたら、オイラは久々に涙が出たね！　だって、おっかないぐらい、味が普通なんだもの（笑）」

いかがでしょうか。まず、フリがスベる人に比べて大幅に短くなっています。そして、取り合ったぐらい美味しそうという期待値が高いフリに対して、泣くほど味が普通だったというオチで、その落差がはっきりとわかるようになっています。

さらに、**ウケる人の話は、オチに行くまでの時間が非常に短いので、何回も相手にオチを聞かせることができます。**その中で、フリとオチに落差のある話をどんどんできたとしたら、どうでしょうか。笑いが発生する可能性はぐんと高くなるはずです。

実際、たけしさんの話は、ウケる構造を持った短い話が、何度も繰り返されていることが非常に多くなっています。

ただし、誤解しないでほしいのであえて書きますが、**フリが短くオチが大きい話を、1、2個言っただけで大爆笑を取ることができるとは決して思わないでください。**

実際には、相手の好みを探りながら、こういう構造の話を会話の中に何回も混ぜ込むことで、時々、相手のツボにハマる話ができるのです。

### ウケる人の考え方①

## フリは短く、オチは大きく、何度もトライ

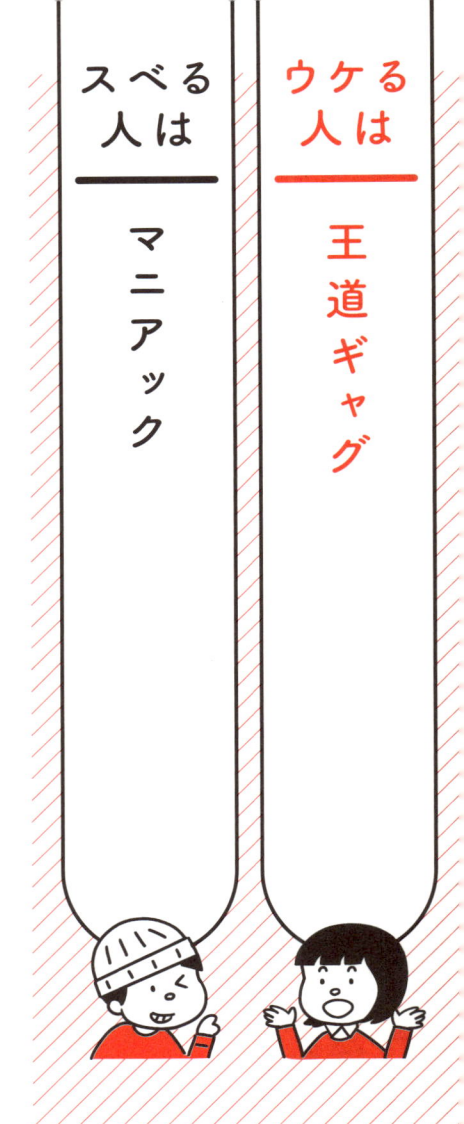

## ウケる人は 王道ギャグ

## スベる人は マニアック

時々、「今はツッコむところだろ！」とか、「今のツッコミは普通すぎ」などと、お笑いのテクニック論ばかり語っている人に遭遇することがあると思います。

しかし、そういった**「お笑いわかっている感」を出している人が、本当に面白い人であるケースは稀《まれ》です。**そういう人は、たいてい自分の親しい仲間ぐらいしか笑わせていなくて、その他の人から見ればむしろスベっている人だったりするものです。

ではなぜ、「自分は面白い」オーラを出す人ほど、スベった印象を持たれてしまうのでしょうか？　それは、**マニアックな話題で笑わせれば笑わせるほど偉い、という錯覚をしてしまっているからです。**

いかなる趣味もそうですが、他の人が知らないマニアックな情報を知っている人こそ、その趣味の達人という共通認識があります。そのため、お笑い好きが集まると、「よりマニアックな笑いのテクニックに価値がある」という暗黙のルールができてしまうのです。

このルールを無意識に盲信している人は、特に、松本人志さんに強い影響を受けたお笑いファンに多いように思います。

松本さんは、笑いが発生する現象・言葉の中に、自分なりの序列を作っていて、他の人がやらないネタで取る笑いを、より価値のある笑いと定義しているように見えます。

しかし、ここで1つ、多くの人が勘違いしていることがあります。

それはマニアックな発言を愛する松本さんは、1人だけではなく、ダウンタウンというコンビで笑いを取り、世の中に出てきたということです。

つまり、**相方の浜田雅功《まさとし》さんのツッコミという通訳の力が大きく機能しているのです。**

例えば、松本さんが、マニアックで普通の人には到底理解できないボケを言ったとします。すると、浜田さんは、お腹をかいたりしながら険しい顔で「あ？　それ、どういうこと？」と、松本さんに一般人がわかるレベルまで、話を嚙み砕いて説明させています。

このように、天才・松本さんですら、天才・浜田さんの力を借りて、マニアックなことを、一般人にわかるように説明するというプロセスを経て、笑いを生んでいるのです。ましてや、普通の素人が、マニアックな話題をマニアックなまま調理して、笑いを取れる確率は低いと言わざるを得ないでしょう。

## 王道ネタは、いつでも使えるように

というわけで、**普通の人が目指すべきは、「王道ネタ」です。**
決して一見カッコよく見える、マニアックな笑いではありません。
今回はその一例として、明石家さんまさんが、頻繁に使う王道ギャグを紹介します。
さんまさんは、テレビで何かを試食する時、たいてい、「ホンマに美味《うま》いんか？」と疑った雰囲気で口に食べ物を入れ、その後すぐに、急に明るい顔になって「ホンマや！」と言って、スタジオを笑わせています。

実はこれ、**先に感情を下げておいて、急に上げるという、定番の笑いのフォーマットです。**使うにしても、最初に、「本当なの？」と疑い、その後に「本当だ！」と喜ぶだけですから、真似しやすいテクニックです。食べ物に限らず、色々な場面で使えるはずです。

こういった王道ギャグは前提条件なしに誰でも笑えるものばかりなので、マニアックであることを信条とするお笑い好き以外の普通の人からは、確実にウケる人と認識されていくでしょう。

というわけで、テレビなどを見ている時は、誰でも真似ができそうだなと感じるほどの、シンプルな「王道の笑い」を見つけ、それを真似てみるようにしてみましょう。

## ウケる人の考え方②

# 「ベタな王道ギャグ」こそ役に立つ！

# ウケる人は 屁理屈だが面白い

# スベる人は 正論ばかりでつまらない

サンドウィッチマンの金髪でメガネの方、伊達《だて》みきおさんのネタ、**「ゼロカロリー理論」**をご存知でしょうか。

「ドーナツは、真ん中が空洞で形そのものがゼロを表しているので、ゼロカロリー」

「ピロシキは、110℃を越える油にカロリーが耐えられないので、ゼロカロリー」

というように、伊達さんはあらゆる食べ物について、「いくら食べてもゼロカロリー」というネタを熱く語っています。これは、実に素晴らしい「ウケる屁理屈」です。

こういう屁理屈ネタで、あなたもウケてみたいと思いませんか？

こう聞かれると、「いや、私には無理です」と思う方が多いはずです。しかし、そんな人は、自分の能力を過小評価しています。

実は、**どんな人でも「ウケる屁理屈を言う」潜在能力があるのです。**

しかも、そのやり方は実に簡単です。

**最初に言った自分の意見を曲げずに、ただただ正当化し続けるだけです。**

例えば、「ドーナツを食べたら、太りますか？」と聞かれたら、「いいえ、太りません！」と最初に言い切ってください。

そして、その後は「いいえ、何を食べても、絶対に太りません！」と、とにかくあれこれと理由をつけて、太らないことを主張するのです。

実はインプロには、この「正当化する力」、いわゆる屁理屈力を鍛える「はい、そうなんですよ！」ゲームというものがあります。

これは質問者と回答者の２人で行います。やり方は、質問者が回答者に向かって、一見ありえないことを質問します。例えば、「今日、あなたは火星から久々に地球にやって来たんですよね？」という感じです。

これに対して、回答者は必ず、「はい、そうなんですよ！」と最初に答えます。そして、その後、辻褄《つじつま》を合わせるために、とことん正当化して話を進めるのです。

例えば、「はい、そうなんですよ！　私、火星からワープして地球に到着したばかりなんです。今、ここ日本は冬なんですけど、火星はもっと寒いところですから、温かいリゾートにでも来た気分でワクワクしています」といった具合です。

## 屁理屈は、涼しい顔で言うほど面白い

ちなみに、ここでご紹介した火星の話は、私のワークショップに来た方が実際に話していた例なのですが、言葉に詰まることなくスラスラと話していて、見ていた私のほうが笑ってしまいました。

このように、**屁理屈はスラスラと平気な顔でしゃべるほうがウケます。**

その理由は、話し手が、とても真面目に、まったく筋が通らないデタラメを語っているからです。まったく価値のないことを、あたかも重要なことのように語っているというその違和感が、とても面白く感じるのです。

また、逆に、屁理屈をふざけて語っても、違和感が発生しないので笑いは生まれません。

実際に、ワークショップでこのゲームをすると、参加者のほぼ全員が、それなりの笑いを取る体験をします。しかも、ちょっとしたお笑いライブよりも、大きな笑いが生まれることが多いので、参加した人たちも「こんなことでウケるのか」と驚かれます。

逆に言えば、**スベる人の話は、わざわざ聞かなくてもわかる、当たり前すぎる正論でつまらないことが多いのです。**ですから、ありきたりの話をしてスベりそうな時は、あたかも当たり前のことを語るように屁理屈を語ったほうが、ウケることも多いのです。

## ウケる人の考え方③

# つまらない正論より、ウケる屁理屈

## ウケる人は　上手に遠回りする

## スベる人は　直球勝負にこだわる

「私、見ての通り、顔が異常にデカいんですよ！」

時々、このように自分のコンプレックスをストレートにさらし、笑いを取ろうとする人がいます。たしかに、こうしたネタは、お互いの情報を知らない初対面の際には有効に働きます。

しかし、その後、何かにつけて「私、顔がデカいんですよ！」と、毎回のように言われたとしたら、どうでしょう？　おそらく、ネタに飽きてきて「そうだね、たしかに、あなたの顔はデカイね……」というリアクションになってしまうと思います。

このような形でスベっている人は、非常に惜しい人です。最初の一言目ではしっかり笑いを取っているわけですから、もう、ウケる人の補欠くらいにはなっています。

実は、このタイプの人は、**表現のパターンを増やすだけでウケる人になれるのです。**

表現のパターンを増やすポイントは、直球勝負をやめて、遠回りな表現を使うことです。遠回りな表現とは、すなわち**「他のものに例えること」**です。

先ほどの例で言えば、

「私、ムーミンに似てるって言われるんだ！　かわいいとかじゃなく、顔がデカいからね」
「誰がジャムおじさんみたいな顔だって？　俺の顔がデカいからってひどいな」

という具合になります。

こうすると、ムーミンやジャムおじさんの部分を他のキャラクターに言い換えることでバリエーションが広がります。合計3パターンぐらいのローテーションだったとしても、飽きられる可能性を大幅に下げることができるはずです。

## プロほど「遠回りな表現」を多用する

**実は、プロの芸人さんも、この「遠回りな表現」というテクニックを、とても頻繁に使っています。**むしろ、テレビで活躍する芸人さんは、基本的にこの「遠回りする技術」なくしては、仕事が入ってこないと言ってもよいほどです。

この遠回りの技術の使い手として、一番わかりやすい例が、グルメレポーターで有名な彦麻呂さんだと思います。彦摩呂さんと言えば、何か美味しそうな食べ物を見た時に、

「○○の宝石箱や〜!」

と、やや大げさにカメラにアピールする手法が有名です。

皆さん、もう、お気づきですね! **この「○○の宝石箱や〜!」という表現は、まさに「遠回りな表現」の1つです。**もし、直球勝負で表現しなければならないルールなら、彦摩呂さんは「おいしそう!」以外の言葉を発することができなくなってしまいます。

毎日のように食レポを行っている彦摩呂さんが、視聴者を同じ表現で飽きさせないようにするためには、「遠回りな表現」を使うより他に方法がないわけです。

というわけで、彦摩呂さんの「遠回りな表現」を、具体的に見てみましょう。


「スパイスの修学旅行や〜！」

「野菜たちの６カ国協議や〜！」

「エビの最終形態や〜！」


いずれも、要は「おいしそう！」ということを表しているだけです。しかし、こうやって遠回りな表現にすることで、何回聞いても飽きない表現になることが、わかっていただけたかと思います。

## ウケる人の考え方④
# ウケる人はバリエーションが豊富

## ウケる人は 3回目で勝負する

## スベる人は 最初から勝負する

今も昔も、小学校には、突然、脈絡もなく「ウンコ！」などと口走り、大爆笑している少年が必ず1人はいるはずです。しかし、そういう笑いは、子どもから大人へと成長する中で、不思議と笑えなくなってしまうものです。

それにもかかわらず、大人のスベる人の中には、「ウンコ！」と叫ぶレベルからは卒業しているものの、**いきなり突飛なことを言って笑いを取ろうとして失敗する人がいます。**恥ずかしながら、かくいう私もウンコ少年だった過去を背負って生きているので、時々、このパターンの失敗をしがちです。

例えば、先日、最近ハマっているお酒について、仕事仲間と話していました。その時に、私は「この前、焼肉屋でマッコリを初めて飲んだんですよ！　あれ、美味しいですね！　傷んだジョアみたいな味で」と言ったんです。

そうすると、笑ってくれた人も何人かいましたが、その場にいた女性の1人から「え、気持ち悪い……」と、露骨に嫌な顔をされてしまいました。やはり、突飛な表現を、唐突に出してしまったために、冗談だと受け取れない人がいたのです。

実は、こういう突飛な表現をどうしても言いたい場合は、**3回目で勝負すればいいという法則があります。**例えば、私は先のエピソードの際に反省して、その後、別のグループの人たちに同じ会話を振り、こんな感じで語ってみました。

「この前、焼肉屋でマッコリを初めて飲んだんですよ。あれ、美味しいですね！　よく発酵していて、甘酒のようでいて、ヨーグルトのようでいて。もう少し正確に表現するなら、いい感じに傷んだジョアみたいな味で」

このように、「甘酒」「ヨーグルト」という前置きをしたうえで、「傷んだジョア」という表現を出したところ、ネガティブな反応はありませんでした。

いきなり突飛なことを言うよりも、**3段階に分けて説明し、その3つ目に突飛なことを言うことで、聞き手側にも心の準備ができ、ずっとスベりにくくなるのです。**

## 「三段オチ」は最強のテクニックである

この「3つ目に突飛なことを言う」方式は、有名な**「三段オチ」**と言われるテクニックです。もちろん、お笑いでも多用されています。一番わかりやすい例が、一世を風靡《ふうび》した狩野英孝《かのえいこう》さんの、「ラーメン、つけ麺、僕イケメン！」というギャグでしょう。

実は、狩野英孝さんのシンプルな三段オチのギャグどころか、**人間は、どんな突飛なことでも、その前に2つほどのプロセスが用意されていれば、それを受け入れられるという習性を持っています。**

例えば、漫画『ドラゴンボール』では、登場人物が修行をしっかり行った後、空を飛べるようになったりします。物理的に不可能な「空を飛ぶ」という事象も、修行プロセスがしっかり描かれていることで、読者は自然に受け入れてしまいます。

一方、昔のドラマには、唐突にキーパーソンが外国に行くことになった、なんていう展開がありがちでした。唐突に外国に行くという展開は、実際に起きても不思議ではないことのはずですが、**その前段階にプロセスが設けられていないと、人はその出来事を受け入れることができず、「ありえない展開」と感じてしまうのです。**

というわけで、突飛なことを言いすぎて、相手を引かせてしまったと感じることが多い人は、とりあえず、2つほど普通のことを事前に言うようにしてみてください。そして、3つ目で大きく勝負して、ウケる人になりましょう。

## ウケる人の考え方⑤

# 勝負ネタは、3回目に仕込む

## ウケる人は 極端な先読みをする

## スベる人は 無難な先読みをする

以前、日本テレビの『世界まる見え！テレビ特捜部』という番組で、「まがい物売り太郎」という、実演販売のセールスマンのキャラクターに扮したビートたけしさんが、スタジオと生中継をつなぐことがありました。

その時、売り太郎さんは、販売するハサミの切れ味を視聴者に紹介するために、なぜか明石家さんまさんの楽屋に勝手に入っていきました。

そしてなんと、さんまさんの私物のダウンジャケットの袖やズボンの裾を、その場でチョキチョキと切っていったのです！

もちろん、そんな中継が入ってきたスタジオは、観客から悲鳴があがるような展開となり、大盛り上がり（？）です。被害を受けたさんまさんも「ヤメロー！」とか、「あれはほんまに自前や！　何着て帰ろう」と応戦。

しかし、売り太郎さんは、そんな声を気に留めることもなく、切ったズボンの裾と袖のないダウンジャケットをホッチキスで留める謎の修理をしたり、さんまさんの私物のＤＶＤプレーヤーも破壊するなど、やりたい放題の限りを尽くしました。そして、ようやく衝撃的な中継が終了しました。

その時です！　スタジオで、さんまさんの隣に座っていた、所ジョージさんが、さんまさんと話し出し、何らかの総括をする雰囲気を醸し出しながら、こう言ったのです。

**「さんちゃん。よく切れるから、あのハサミ、欲しくなったでしょ！」**

この所さんの意外すぎる先読みに、スタジオは大爆笑。もちろん、さんまさんも、大きな声で「欲しくないわ!!」と即答し、それにより、さらなる笑いが起きました。

このように、**ウケる人というのは、とにかく「極端な先読み」をします。**

もし仮に、素人のスベる人がスタジオにいた場合は、「さんまさん、大変でしたね〜！」と声をかけるぐらいが精一杯でしょう。もちろん、そんな声かけでは、極端な先読みほどは、笑いが発生しないのは明らかです。


なぜ、ウケる人は「極端な先読み」をするのかというと、**あえて極端な方向に話を振ることで、いわゆる「ツッコミどころ」を意図的に、かつわかりやすく作りたいからです。**

そうすることで、さんまさんの「いらんわ！」というようなツッコミを引き出しやすくして、会話中の笑いの数を増やそうとしているのです。

## 起きていることと、真逆のことを意識する

では、どうすれば普通の人でも、極端な先読みができるようになるのでしょうか。

それは、**先の展開が気になる出来事が起きた時、それと一番真逆のことを言うのです。**

例えば、「嬉しい出来事の反対→悲しいこと」「楽しい出来事の反対→つまらないこと」など、出来事と真逆のことを言えば、誰でも簡単に極端な先読みをすることができます。

もちろん、いきなり所さんのように、「ハサミが欲しくなったでしょ！」ほど、キレキレな発言は、なかなかできないと思います。

しかし、「悲しい出来事の反対→嬉しいこと」と考える意識さえあれば、「半袖のダウンも、最近、流行《はや》ってますよね？」とか、「ホッチキスで留められた服も、逆にオシャレに見えてきませんか？」とか、それぐらいのことなら思いつくのではないでしょうか。

さて、このテクニックは、会話におけるプロレス技の一種です。

ですので、**こういったプロレス的な極端な切り返しを、楽しくツッコミ返してくれる仲間がいることで、より効果的になります。**

幸いにもそんなタイミングがあれば、どんどん、極端な方向へ話を持っていってみましょう。そんな経験を何度か積めば、割と簡単に「極端な先読み力」が身につくはずです。

## ウケる人の考え方⑥

# 「真逆の発想」でギャップを生み出す

# ウケる人は 常に反省する

# スベる人は 常に突き進む

ウケる人とスベる人の一番の違いは何かと聞かれたら、それは才能やセンスなどではなく、**「学習意欲」**だと私は答えます。

つまり、学習することによって、人はウケる人になっていくのです。

実際、多くのお笑い芸人を見ていても、中堅・ベテランとなってから、より面白くなった人は大勢います。反対に、昔より面白くなくなり、消えていく人も大勢います。

では、ウケる人になるためには、どこで、何を学習すればよいのでしょうか？

一番重要なのは、**「スベった後の分析&再チャレンジ」**です。

ウケる人というのは、自分が予想していたよりもウケなかった場合、ウケなかった理由を、とことん考えます。

その上で、確実にウケるためには、一体何をすべきなのかを考えて、次回に備えます。

大げさに言えば、ウケる人は、Plan＝計画、Do＝行動、Check＝確認、Action＝改善を着実に行う、いわゆるウケるためのＰＤＣＡサイクルを回しているという状態なのです。

一方、スベる人の場合は、どこかでスベったら、スベりっぱなしです。

自分の、どういった発言が、どういう理由でウケなかったのかなどを、深く考えずにスルーしてしまいます。

そのため、スベる人は、以前に激しくスベった冗談を、まったく別の人に言って、そこでも同じように盛大にスベるのです。

では、ＰＤＣＡの回し方を、具体的に説明します。

ポイントは、冒頭でも述べたように、**スベった後にすばやくCheckすることです。**

## 笑いの「高速PDCA」を回すコツ

最近私は、小学生が子ども記者となって実際の現場に取材へ行き、地方紙に載せる記事を書くという体験イベントを企画しました。私自身も、子ども記者のサポートをする先輩記者というポジションで、4人の子どもたちの面倒を見ることになりました。

最初、私は直感だけを頼りに、ユーチューバーの話題なら今どきの子どもは食いついてくるのではないかという**Plan**を立てました。

そして、実際に子どもたちに、その話題を振るという**Do**を行いました。

しかし、その時は、ユーチューバーへの食いつきがよくありませんでした。

私は、そこですかさず、「じゃあ、誰が学校で人気なの?」という質問をしました。

すると、ある1人が「トレンディエンジェルの斎藤さん!」と答えました。

その瞬間、他の3人も全員、斎藤さんを知っている感じのリアクションを取っていました。そういうところをCheckしておいて、「そうか、斎藤さん絡みのネタならウケそうだぞ」とインプットしておきました。

その後、子どもたちが資料を退屈そうに眺めていた瞬間があったので、私はそこに出ていた「斎藤さん」という名字の人を指差し、「あっ、この人見て！　斎藤さんだぞ！　どういう人か、もう調べた？」と、斎藤さんの口マネをしながら指摘（Action）しました。

すると、４人は大笑いしながら、「本当だ！　でも顔は全然似てないね！」と、今までにないくらい資料に食いつき、その後の取材もスムーズに進めることができました。

大人の会話でも、このサイクルを回すことが大切です。

つまり、ウケる人になるには、**笑ってくれない人にも積極的に話しかけて、相手が笑わなかった原因のCheckをし、それを踏まえて次のActionを行うことが重要なのです。**

## ウケる人の考え方⑦
## スベったら即、Check & Action！

## ウケる人は　話を聞くと映像が浮かぶ

## スベる人は　話を聞くと疑問が浮かぶ

スベる人と話していると、「ごめん！　悪いけど、言っている意味がわからない」と困惑してしまう瞬間がよくあるはずです。

これまでにも何度か指摘したように、スベるとは困惑に近い状態です。だから、ジミー大西さん、ウド鈴木さんのようなキャラクターの方は別ですが、困惑を感じさせればさせるほど、普通はスベった感じの空気が流れ始めます。

なぜ、このような意思疎通の問題が起きてしまうのかというと、スベる人は、**まだ相手に伝えていない情報を、聞き手がわかっていると思い込んでしまっているからです。**

例として、私のワークショップの生徒が、街で面白い人を見かけた時の話を紹介します。

「昨日、電車に乗ろうとしたら、すごい勢いで走ってきた面白い見た目の人がいて、危なかったんです！　正直、その時点で、結構、ツボっちゃって、笑いをこらえるみたいな感じだったんですよね。えっへへへ！　あれ、この話、あんまりウケないですか？」

この話を聞いて、笑える人はきっと1人もいないはずです。なぜなら、この話で一番肝心なのは、すごい勢いで走ってきたその面白い人のビジュアルのはずです。しかし、その見た目について最後まで説明がされていません。

それにもかかわらず、**スベる人は自分の頭の中には明確なイメージがあるために、相手も同じイメージを共有して笑ってくれると思い込んで会話を進めてしまっています。**

では、ウケる人はどんな話し方をしているのでしょうか。

早速、次の話を、鈴木奈々さん風の女性が話していると思って、読んでみてください。

「この前、頭のテッペンの髪の毛に、完全にガムテープが絡まってる、お婆さんを見たん

ですよ！　ヤバくないですか⁉　ヤバくないですか⁉

これ、昨日のことなんですけど、私が電車に乗る時、後ろからぶつかってきた人がいたんです。だから、私が『もう何⁉』って、振り向いたら、私の顔のすぐ目の前に、ものすごく険しい顔をしたお婆さんがいたんです！

しかも、何が一番驚いたって、そのお婆さん、頭のテッペンの髪の毛に、完全にガムテープが絡まってたんですよ！　ヤバくないですか⁉

しかも、その人、化粧もビックリするぐらい濃い白塗りで、マジックで書いたみたいな眉毛なんです！　そんなの、ヤバすぎるじゃないですか！　化粧と眉毛だけでも十分面白いお婆さんの頭に、ガムテープ絡まってたんですよ？　ぶつかられたことなんて忘れて、笑いをこらえるのに必死でした！」

## 「頭の中のモニター」で説明するとうまくいく

いかがでしょうか。こうやって話すと、肝心な事柄に関する映像が頭にはっきりと浮かびませんか？

ここでのポイントは、自分の視界に何が映ったのかを、詳細に語っている点です。

例えるなら、**「頭の中のモニター」に、起こった出来事を映しながら話すようなイメージです。**だから、それを聞いた人は、あたかも自分がその現場を見てきたかのような感覚で、話を聞くことができるので、感情移入しやすいのです。

**説明する時の話し方の要領は、有名な昔話をする時に近いです。**

桃太郎を語るなら、川に桃が「どんぶらこ」と、流れてくるイメージを頭の中のモニターに映しながら、その映像を説明するように人に話していませんか？　決して、一字一句、子どもの頃に読んだ、桃太郎の本の文章を思い出しているわけではないはずです。

というわけで、ウケる人になりたければ、自分が体験した時の視界を再現するように、頭の中のモニターに映像を映して、相手に細かく語りかけるようにしましょう。

ウケる人の考え方⑧

## 「脳内モニター」で順番に＆丁寧に話す

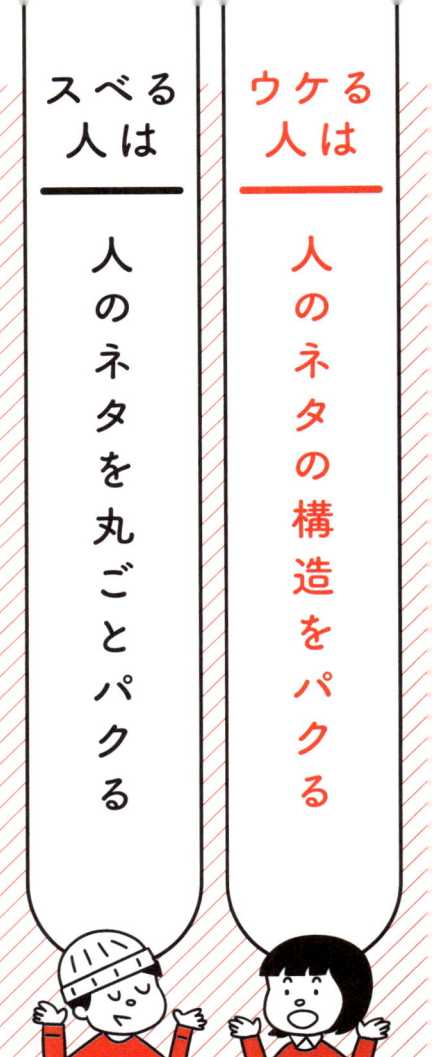

## ウケる人は
## 人のネタの構造をパクる

## スベる人は
## 人のネタを丸ごとパクる

人の話を聞いていて、どことなく聞き覚えがあると思ったら、「あ、この前のテレビで芸人さんがしゃべっていた話と、まったく同じだ！　しかも、自分の話にしちゃってる！」と気づき、少し哀れんだ目で見てしまう……こんな経験は誰しも一度はあるはずです。

実は、この、**話を丸パクリするパターンは、スベる人の間で、かなり横行しています。**

私も中学2年生の頃、ついつい、他人のネタを丸パクリしてしまったのが未だにトラウマになっています。当時、テニス部だった私は、学校の廊下で同学年の部員の友人と、いつも部活をサボる困った1年生の後輩の話をしていました。その時、友人が「あいつ生意気だけど、ガツンと言うと打たれ弱いから大丈夫だよ！」と言ったのです。

その瞬間、私の中にウケる人になりたい願望が湧いてきて、

「そうなんだよ。最近の若い奴は打たれ弱くてさ。この前、ちょっと、若いやつの頭に、トンカチでクギを打ってやったら、のびちゃってさ〜！（笑）」


と、言ったのです。

このネタ、実は、ツービート時代のビートたけしさんのネタそのままです。ちょっとお笑いに詳しかった私は、同年代の友人はこのネタを知らないだろうと、そのまま言ったんです。

そうしたら、「それ面白い！　渡辺天才！」と友人には大ウケで、調子に乗った私は、その後、部活のたびに他の部員にもクギのネタを話していました。

しかし、天下は長くは続きません。ある日、ついに天誅《てんちゅう》が下る日が来ました。

いつものように私がクギの話をしていると、偶然、それを耳にした50歳くらいの先生が、「お前、ずいぶん昔のネタ知ってるな！　それ、ツービートのネタだよな！　先生も、

ビートたけしさん、大好きなんだよ！」と、興奮気味に話しかけてきました。

その瞬間、すべてを知って哀れんだ目で私を見る友人の姿を、今も鮮明に覚えています。

## 話の内容より「構造」をパクれ！

とはいえ、パクること自体は悪いことではありません。

実は、ウケる人も、面白い人の話をパクっているのです！

ただし、**ウケる人は、ネタの構造のみをパクっています。**だから決して、同じネタには聞こえず、他の人が聞いてもわからないのです。

一方、**スベる人は、他人のネタを一字一句丸パクリしてしまっているのです。**


例えば、ザキヤマさんこと、山崎弘也《ひろなり》さんの有名なネタに、

「僕は顔が大きいんじゃないんです。体が小さいだけなんです」

というものがあります。これは、ネガティブな「顔が大きい」ということを否定するた

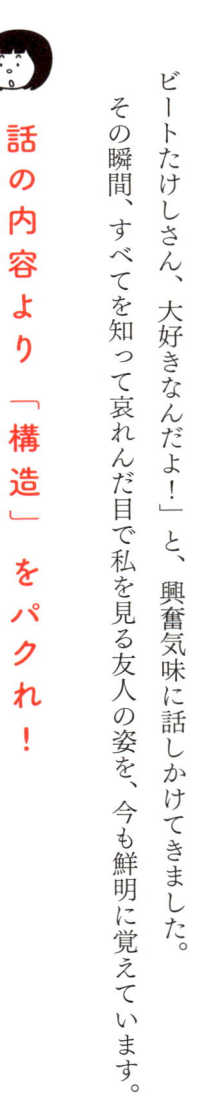

めに、「顔ではなく体に問題がある」と、トンチをきかせて、別のことのせいだと言い張るという構造になっています。

では、この構造だけをパクって、、別のネガティブな事柄を、別のことのせいだと言い張ってみましょう。例えば、次のような言い方はどうでしょうか。

「僕は太っているんじゃないんです。ただ、部屋が狭いだけなんです」

「振られたわけじゃないんです。ただ、3年間まったく連絡が取れないってだけなんです」

このように、少し考えるだけで、誰でもオリジナルな例を思いつくことができます。

というわけで、これからは、他人の話を丸パクリするのはやめて、その代わり、他人にはわからないように、構造だけをパクって、ウケる人になってしまいましょう！

## ウケる人の考え方⑨

## ネタの「構造」を見抜いてパクろう

## ウケる人は ウケた先を考えている

## スベる人は ウケることしか考えていない

ウケる人は、笑いを取ることを一番に考えていない。

こう書くと、一瞬「どういうこと？」と思われるかもしれません。どんな場でも大爆笑を取れる人が、ウケる人だと思っている方々がほとんどでしょう。

しかし、笑いというのは難しいもので、**大爆笑を取れば取るほど、ウケる人と世間が認知するとは限らないものなのです。**

例えば、結婚式の余興やスピーチなどで、度を越した内輪ネタや下ネタなどを繰り返し、大爆笑を取っているような人がいます。たしかに、笑いを起こしてはいるし、ある種の才能を持っています。

しかし、このような笑いの取り方はヒンシュクを買うため、その人は、世間的にはスベる人と分類されているはずです。

つまり、このタイプのスベる人は、「ウケる」ということしか考えていないところが問題なのです。**本当にウケる人に脱皮したかったら、「この場はウケを取ることが優先順位の何番目に来るのか」を判断する繊細さを持つ必要があります。**

例えば、結婚式のスピーチを例に、聞き手が何を求めているのか考えてみましょう。普通に考えれば、結婚する2人に関するポジティブな話をするべきです。

それにもかかわらず、**ウケることしか考えていない人は、あらゆる場において、笑いがマスト、むしろ優先順位の一番上に来るとすら思ってしまっています。**

ですから、こんな時でも、結婚する2人のことを置き去りにするような言動で笑いを取ったり、あるいは、2人の結婚式にふさわしくないような話題を口走ってしまいます。

その結果、笑いは取れても「スベった人」と認識されてしまうのです。

## 笑いはあくまで「オプション」だと考える

一方、**ウケる人は、先のような手段を選ばない笑いでウケたとしても、その先どうなるかを理解しています。**ですから、こういう場では、笑いがオプションであることを理解し、笑いありきの話を組み立てません。

ウケる人は、結婚する2人にまつわるポジティブな話をする場である、という前提で、話を組み立てます。その上で、できれば笑いを散りばめられないかと工夫するのです。

つまり、**スベる人は、『笑い』を前提に話を作り、2人の話は後づけになっています。**

一方で、**ウケる人は、『2人』を前提に話を作り、その中に笑いを散りばめています。**

この2つは似て非なるものなので、注意深く意識するようにしてください。

もし、この違いがピンと来ないということなら、どんな時でもウケなければならないという**「笑いのノイローゼ」**になっている可能性もあるので要注意です。

ちなみに、私自身を含め、テレビ関係者は「笑いのノイローゼ」にかかっている人が相当数います。そういう人は、不適切な場で笑いを取ろうとしてしまうので、要注意です。

以前、私が親戚のお葬式に出席した時、あるご高齢の参加者の方が、式の最中にウトウトしていました。その時、私は小声で妹に、

「見てごらん！　あの人、永遠に眠る者を弔うために、自らが眠ることによって、亡くなった人を送り出しているよ！」

と教えてあげたのです。そうしたら、兄弟そろって、場とのギャップで面白くなり、笑いを堪《こら》えるのが大変でした。その結果、後で妹にこっぴどく怒られた記憶があります。

このように、冠婚葬祭の場で、笑いを取りたいという衝動にかられたら、「笑いのノイローゼ」の可能性があるので、注意してください。さもないと、私のように、いずれ誰かに真剣に怒られるハメになるでしょう。

ウケる人の考え方⑩

## ウケることが常に正義ではない

# 第3章

# ウケる人のコミュニケーション、スべる人のコミュニケーション

## ウケる人は
# 勝手に決めつける

## スベる人は
# 決めずに悩み続ける

「あれ？　君、誰かに似てるんだよな〜」と、会話中に突然言い出す人がいます。そういう人は、しばらく悩み続けるものの、結局、誰に似ているのかを言わないで終わります。

このように、**マイペースに悩み続ける人は、悪気はないのでしょうが、相手をイライラさせる系のスベる人になりがちです。**

32ページでも説明したように、笑いはアイデアよりタイミングが重要です。

だから、**ウケる人は、基本的に即断即決です。**その場で思ったことを適切なタイミングで発言して笑いを取っています。

こうやって書くと、「私はとても即断即決なんてできない……」と、思われる方が一定数います。しかし、決してそんなに難しいことではありません。

実は、**ウケる人は「勝手に決めつける」ことで、即断即決をしているのです。**いわゆる、「見切り発車」であることも少なくありません。

なぜ見切り発車でもいいのかというと、**どんな内容であれ、キッパリと断定して自信満々に言い切るだけで、人は笑うことが多いからです。**

具体例を挙げましょう。以前、私がキャイ〜ンの天野ひろゆきさんの『天野人語』というメルマガを担当していた時、そのメルマガの企画で、占い師の方を呼んで、天野さんを占ってもらったことがありました。すると、その占い師の方が、

「天野さんの前世は、なんだろうな？　うーん……あっ、見えました。イギリスの田舎町のかわいいウサギです」

と言い切ったのです。それを聞いていた、天野さんご本人や、私を含めたスタッフたち

は、あまりにも意外な天野さんの前世に、思わず爆笑してしまいました。

天野さんは、40代のぽっちゃり系の男性です。一方、「イギリスの田舎町のかわいいウサギ」は、ピーターラビットのような、童話に出てきそうなウサギのイメージです。天野さんと、ピーターラビットとでは、イメージが遠い感じがします。

だからこそ、笑えるのです。実際、天野さんは、「俺の前世が動物なら、子豚とか、どうせそんなところかと思ったよ」とツッコミを入れていました。

## ウケる秘訣は「自信満々な語り口」にあり

とはいえ、ここでのポイントは、気のきいた例えを思いつくことではありません。

なぜなら、天野さんの前世は「イギリスの田舎町のかわいいウサギ」ではなく、「天野さんのイメージから遠い感じのする何か」であれば、何でもいいからです。

実際に、もし誰かが「天野さんの前世は、今と雰囲気違いますね。ものすごく足の早いチーターでした」とか、「天野さんの前世は、何か首が長いですね……見えました！　キリンです」と言い切ったら、それはそれで笑えると思います。

むしろ、ここでのポイントは、**その気ままな発想を、自信満々に言い切ることです。**

なぜなら、気ままな発想は、えてして論理が通っていないものです。そんな論理が通っていない内容を、自信満々に話されたら、聞き手の側は何ともいえない違和感を覚えるので、それが自然と笑いにつながるのです。

だから、この例では、どんな動物であれ「天野さんの前世は、○○でした！」と言い切ることで、笑いが起こっているのです。

つまり、**言うことに困ったら、勝手に決めつけて、自信満々に言い切ればよいのです。**

そこで出てくるアイデアによって、そんなに結果は変わらないことが多いものです。それより、どれだけ自信満々に言えるかが勝負だと、肝に銘じてください。

ウケる人のコミュニケーション①

## 話題は決めつけでも、自信満々で話す

## ウケる人は 自虐ネタがうまい

## スベる人は 被害妄想がひどい

「髪の毛が後退しているのではない。私が前進しているのである」

これは、ソフトバンクの創業者、孫正義《そんまさよし》さんがツイッターで発言した言葉です。

普通の人であればコンプレックスを抱くはずのことでも、前向きにとらえたその姿勢が、親しみがもてるということで話題になりました。

このように「自虐ネタ」は、自分のポジションを下げて見せることができます。そのため、**特に話し手が偉い人の場合、聞き手に親近感を覚えさせるのに効果的な手段です。**

ですが、この自虐ネタの意味を履き違えてしまっている、スベる人が大勢います。

例えば、かつて私のワークショップの生徒にも、ひたすら被害者ポジションをアピールして笑いを取ろうとしている、30代後半のAさんという女性がいました。


ある時、ワークショップの模擬会話の中で、Aさんの横にいた別の生徒が、20代前半のBさんという女性に、「年齢の割に、落ち着いた雰囲気ですね」と言いました。

すると、すかさずAさんが「ひどーい！　私は、年齢の割に、落ち着きがないってこと!?　あんまり若くないからって、いきなり、若い人にチヤホヤしだして……」と、突然イジイジとした感じのトークを始めたのです。

この他にも、ことあるごとに「私、今イジメられてる？」とか、「若いって、それだけでいいわよねぇ」などと、被害妄想たっぷりの自虐ネタを繰り広げていました。


最初は、そんなキャラクターでも笑えました。しかし、あまりに何回も続くうち、こちらも笑うに笑えなくなってきました。なぜなら、**何度も繰り返されると、それが冗談ではなく、他の人の若さに対する本気の「ひがみ」に見えて、痛々しく思えてくるからです。**

## 「かまってほしいオーラ」が出たら負け

こういう被害妄想系のスベる人は、２つの間違いを犯しています。

１つ目は、**実は自分ではなく、他人をイジってしまっていることです。**

今回の例は、一言で言えば「相手の女性の若さ」を、自分の年齢が上であることを引き合いに出して、イジり倒しているわけです。

そのため、本人が自分を下げていることより、相手の女性の若さに対する嫉《しっ》妬《と》のほうがどうしても目についてしまい、周りに痛々しいと感じさせてしまうのです。

２つ目は、**発言の端々に「かまってほしいオーラ」が出てしまっていることです。**

「どーせ、私は歳がいっていますよ」というトークをする人の中には、「いやいや、まだお若いじゃないですか！」と言ってほしそうなオーラが出てしまっている人がいます。

たとえ本人が否定しても、このような被害妄想系の話をすれば、周りの人は多かれ少なかれ気を使うので、笑いを取ることは不可能です。

ここで、冒頭の孫さんの発言を振り返ってみましょう。

これを聞いて、「いや、孫さんが思っているより、まだまだフサフサですよ！」なんて真面目になぐさめる人は、逆に空気が読めない人ですよね。

その理由は、孫さんが、**自分のコンプレックスを完全に受け入れた上で、ポジティブに自虐ネタを言っているからです。**他の例を挙げるなら、

「俺の皮下脂肪バカにしてる？　グルメ界じゃ、これぐらいで、ようやく一人前だよ！」

「稼ぎは少ないけど大丈夫！　本気出せば、お茶だけで二日酔いになるほど騒げるし！」

とか、そんな風に言えると思います。そこにネガティブな要素は一切ありません。

このように、自虐ネタは「ネガティブな要素はとっくの昔に受け入れていて、逆に今はこんなにポジティブです」というフォーマットで話すようにしましょう。

## ウケる人のコミュニケーション②

# ネガティブを超越したポジティブさを持つ

## ウケる人は 他人の話にうまく乗っかる

## スベる人は 自分の話をやたらとしたがる

テレビで活躍するお笑い芸人の世界は、非常にシビアです。

なぜなら、彼らは、常に自分の発言がきっかけとなった笑いを起こし続けなければならないからです。そうでないと「もっと面白い人を呼ぼう」と偉いスタッフに思われて、簡単に切り捨てられてしまいます。

ただし、一般社会においては、**自分の発言がきっかけとなった笑いに、あまりこだわりすぎる必要はありません。**むしろ、日常生活でそういった思いが強すぎる人は、反対に煙たがられる傾向があります。

私の知り合いにも、自分で笑いを取りたいという思いが強すぎるあまりに、すぐに他人の話題に割って入ってくる人がいます。たしかに、その人は笑いを取る能力があるので、最終的には、その人が笑いを取る会話が生まれています。

しかし、正直に言って、その人はウケる人というよりは、「自分の話をやたらとしたがる、やや迷惑な人」と、周りからは思われています。人によっては、その人のことをスベる人と認識している人もいます。

つまり、**一般社会においてウケる人であるために大切なことは、まず「一緒にいて楽しい人」と思われることです。**

参考にすべきは、『しゃべくり007《セブン》』です。『しゃべくり007』とは、ネプチューン、くりぃむしちゅー、チュートリアルという同世代の売れっ子芸人7人と、各回ごとのゲスト1人がトークを繰り広げるバラエティ番組です。

といっても、ここで注目すべきは、7人の芸人ではなく、呼ばれているゲストです。

## 順番を待ち、機を見て一気に仕掛ける

いくら7人の芸人さんが会話のプロだとしても、すでに人間関係ができあがっていて、ウケる会話がバシバシ行われている輪の中に入らなければならない『しゃべくり007』は、さぞゲストの側も緊張することでしょう。しかし、そんな中でも会話を盛り上げ、楽しいトークを繰り広げるゲストは、多くの場合、次の3つのことを行っています。

1つ目は、**すでにウケている人と同じぐらいに、自分のテンションを高めることです。**低すぎても、高すぎても浮いてしまうので、同じぐらいという点がポイントです。そうすることで、できあがっているウケる人の輪の入り口へ、自然と入ることができます。

2つ目は、**「自分が話す番を待つ」ということです。**

ウケる人の輪の中に一歩入ったからといって、すぐに我が物顔で振る舞って、ウケている人の話を奪ってはダメです。ウケる人の輪の中に入っていれば、必ず何らかの形で、話す順番が回ってきます。それまでは、ウケる人の話に対して笑うなどの、リアクションを大きく取ることで存在感を示しましょう。

3つ目は、**自分の番が来たら、全力で会話のプロレスを仕掛けることです。**

すでに一度紹介したこのテクニックは、こうした熱量の高い場では特に有効です。強烈に同意する、ものすごく反対するなど、大げさに自分の考えを語りましょう。

例えば、「そうそう！　僕も、そういう人には、ヤバイぐらい腹が立ってるんですよ！　この前、こんな人に会って〜」とか、「私、その曲、メチャクチャ好きなんです！　まさか、○○さんと一緒だったなんて〜」といった感じです。

というわけで、すでにウケている人の輪に入って会話をしたかったら、輪の中にうまく入って、プロレスを仕掛ける、という意識を持っていてください。これを忘れて、自分から新しい流れを作ろうとすると、大ヤケドしてしまいます。

### ウケる人のコミュニケーション③

## プロレスを仕掛ける機会を常にうかがう

## ウケる人は
## 大げさに持ち上げて笑いを取る

## スベる人は
## 中途半端に持ち上げて嫌味っぽい

他人のことを褒めて笑いを取るのが上手い人がいます。

私も放送作家をしているので、周囲にやたらと「先生！　先生！」と言って、私を持ち上げることで笑いを取ろうとする人が一定数います。

中でも最近、私が思わず笑ってしまったエピソードがあります。

ある日、仕事仲間に「今、『ウケる人、スベる人の話し方』という本を書いてるんだ」と、この本について話しました。

すると、その仕事仲間は「すごいですね、さすが先生！　渡辺さんのウケる話の理論は本当にすごいんで、きっとベストセラーになって、芥川賞とか取っちゃうんじゃないですか？」などと、思い切り持ち上げたボケをかましてくれました。

そんな風に持ち上げられてしまった私は、「芥川賞は小説の賞だから！　どんなに売れてもそれは無理！」と、思わずツッコミを入れ、みんなで大笑いしてしまいました。

このような、**持ち上げつつも、明らかにツッコミどころがわかりやすいボケだと、イジられた私も、周りの人も反応しやすくて笑えます。**

一方で、相手を持ち上げて笑いを取ろうとする人の中には、悪気はないものの、嫌味に聞こえるようなことを言ってしまう人がいます。

最もありがちなのは、**大げさに持ち上げたつもりが、実は中途半端な持ち上げ方で、相手が不愉快になってしまうパターンです。**

最近、私が目撃した、持ち上げる系の冗談で失敗した人の例を挙げましょう。

ある知り合いの女性が、髪を切って大胆にイメチェンをしたことがありました。ある時、その女性に対して、仲のいい友達の1人が、「短いほうが似合っててカワイイね！　今までとイメージがガラッと変わった。今年の夏は、海とかでナンパされるようになるんじゃない？　なんてね～」と、笑いながら言ったのです。

それに対して、言われた側の女性は、笑いもせずに「別に、前から、海とか行けば、ナンパされることもあったけどね……」と言ったのです。

彼女の友達は褒めたつもりだったのでしょうが、聞いた彼女の側は「今までの私じゃ、ナンパなんかされるわけがないような見た目だったってこと？」という、ネガティブなニュアンスで発言を聞いていたのです。

## 恥を捨てて「徹底的」に持ち上げよ！

このような悲劇を引き起こさないウケる人になりたければ、**話を大きくしたりズラしたりして持ち上げることをオススメします。**

具体的な方法は2つあります。

1つ目は、**ありえないくらいに話を大きくするという方法です。**

例えば、先ほどの女性の例で言えば、「すごい人、多分、ジャスティン・ビーバーとか、そんなクラスの人にナンパされるくらいにいい感じだよ！」などと言えば、ツッコミどころもあって、ウケる話として成立するはずです。

2つ目は、**絶対に無理な方向にズラす方法です。**冒頭の芥川賞の話はこのパターンです。

こちらも、前述の女性の例で言えば、「イイよ、イイよ！　このルックスだったら、踊って歌ってCD出したら、絶対売れるね！」などと言えば、ツッコミどころが満載なので、ウケる話につながりやすいはずです。

というわけで、墓穴を掘らずに、確実に相手を持ち上げて笑いを取りたかったら、今、紹介した2つの方法で、現実離れした持ち上げ方をしてみましょう。

## ウケる人のコミュニケーション④
# 大げさに持ち上げればスベらない

## ウケる人は 自分にツッコませる

## スベる人は 他人にツッコませない

どこかおかしなことを言っていたり、ツッコミどころが満載なのに、なんだか、周りがツッコミを入れられない、ちょっと怖い感じの人がいます。

そういう人は、陰口の世界では大スターで、「あの人、やばいよね～！」などと皆に言われ、大勢の人の失笑を買っていたりします。それにもかかわらず、表舞台では、誰も恐ろしくてツッコめない、笑えない存在になっています。

一方、**ウケる人というのは、周りの人からツッコミを入れられやすい雰囲気を醸し出し**

**ています。**

そのような人は、おかしなことを言っても、その場でツッコまれて笑いが起こるので、後から再び陰口を言われるようなことはありません。そのため、正統派のウケる人として、周りから好感を持たれています。

このように、ツッコませない系のスベる人は、とてつもなく、もったいないのです。ネガティブな陰口の世界の大スターという状態では、本人にとっては、好感度が上がるなどのメリットは何一つありません。

しかし、**こうしたツッコませない系のスベる人は、ひとたび周囲のツッコミを解禁してしまえば、自他共に認める、面白い人になる可能性が、非常に高いのです。**

実際、私のワークショップに来た人の中にも、冒頭の例のような方が何人もいました。その結果わかったのは、そういう人は、とにかく他人に辛辣《しんらつ》にツッコむことに精を出している割に、自分へのツッコミに対するメンタルが弱いということです。

例えば、このタイプの人は、ワークショップ中に、他人の容姿について、平気でツッコミを入れて笑いを取ります。そのため、言われたほうも、お互い様だと思って、その人の容姿にツッコミを入れた瞬間、露骨に嫌な顔をするのです。

場合によっては、あからさまにイライラし始めて、険悪な雰囲気になりかけるので、私が止めに入ることもあります。

## ツッコみたいなら、ツッコまれる覚悟を持て

ここまで読んでいただいて、ほとんどの人がわかると思いますが、**ウケる人になるには、「フェアである」ことを心がける必要があります。**

具体的には、**「自分がツッコミを入れた後は、必ずツッコミを入れてもらう」**ことを意識してください。

そうしないと、自分は他人に厳しいことばかり言うのに、何か言われると怒り出すという、厄介なツッコませない系のスベる人だと思われてしまいます。

自分がツッコまれて嫌なら、他人に何か辛辣なことを言って笑いを取るのはやめましょう。そうすれば、その人がツッコミどころ満載だとしても、単なる無害な人と認識されるだけで、陰口界の大スターとなることはなくなるはずです。

とはいえ、ここで話した内容は、本人が自覚するのが非常に難しい問題です。

しかし、私のワークショップでの経験からすると、**会話中、自分が何をしているか客観的に認識するだけでも、過度に他人にツッコんでスベる人になる可能性は少なくなります。**

というわけで、できればまずは、自分がツッコミを入れた回数と、他人からツッコまれた回数を比較してみてください。

比較して、圧倒的に自分発信のツッコミが多い場合、もしかしたら、陰口界の大スター系のスベる人になっているかもしれないので、自分自身でも注意するようにしてみてください。

## ウケる人のコミュニケーション⑤

# 自分が笑いのネタにされても気にしない

## ウケる人は 無理しないキャラで自然体

## スベる人は 無理したキャラで疲れがち

ウケる人になりたいと思って、積極的にPDCAを回しながら、チャレンジしているのに、どこか空回りしていると感じている……そんな人に、1つ質問です。

「ウケる人とは、どんな人でしょうか？」

こう聞くと、「明るい人」「よく話す人」「エネルギッシュな人」など、さまざまな答えが返ってきます。しかし、質問をしておいて申し訳ありませんが、全部不正解です。

正解は、**ウケる人とは、自分に合ったキャラクターを見つけられた人です。**

つまり、そもそも自分が明るい人であれば、「明るいウケる人」がその人に合ったキャラクターです。どちらかというと、斜に構えがちな人であれば、「斜に構えたウケる人」がその人に合ったキャラクターでしょう。

このことは、活躍するお笑い芸人を見ればわかります。明石家さんまさんのように、明るくテンションも高いキャラクターの人もいれば、タモリさんのように落ち着いた人柄でも、超大物になっている人もいます。

このように、**ウケる人になるために、「明るい」とか「よくしゃべる」というのは、絶対に必要な条件ではないのです。**

それにもかかわらず、**スベる人の中には、自分のキャラクターが暗めだとわかっていても、なぜか「明るいウケる人」を目指そうとしている人が多くいます。**

例えば、ハリセンボンの箕輪《みのわ》はるかさんに雰囲気が似ている人が、元気いっぱいの鈴木奈々さんのようなキャラクターを目指したって、どう考えてもウケるわけがありません。

ですから、自分の好きな笑いのスタイルと、自分が目指せそうな笑いのスタイルをごちゃまぜにせず、別物として考えるようにしましょう。

## 無理しないでいられるキャラクターが正解

自分が目指すべき笑いのスタイルを固めるためには、その前に、自分が一体どんな人なのかを、正確に把握する必要があります。

とはいえ、自分自身のことを正確に把握するというのは、とても難しいことです。

一番いい方法は、**仲の良い人に「私の話し方って、有名人なら誰に近い？」と、ストレートに聞くことです。**

そうすると、今まで思ってもみなかった、さまざまな意見が返ってくると思うので、その中で自分が一番納得いくウケる人のモデルを組み立ててみてください。

それでも迷うようなら、**とにかく「無理をしない」というところから始めてみましょう。** あなたが一番、リラックスして接している人は誰でしょうか？　その人の前で冗談を

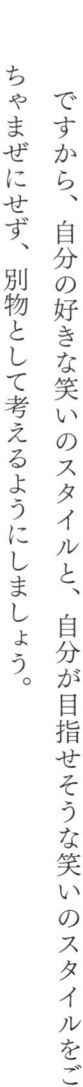

ウケる人のコミュニケーション⑥

## 自然なキャラで無理をしない

言う時、あなたはどんなキャラクターですか？　それが、本当のあなたです。

もし、そのキャラクターが普段思っている自分よりひょうきんで、はしゃぐタイプなら、今以上にウケる人になるためには、自己開放が必要だということになります。

あるいは、もし、そのキャラクターが思ったより物静かだということであれば、普段、周りに気を使って、無理してはしゃぎすぎているのかもしれません。

ウケる人になるために、自分を変えたいと思っているなら、まずはそこに気づくだけで十分です。

本当の自分に一歩近づくだけで、日々のあなたの言動は徐々に変化し、本来の自分に近いキャラクターで、人と接することができるようになっていきます。

## ウケる人は いつも笑顔を重視する

## スベる人は いつも礼儀を重視する

講演会などの場で、講師が明らかに冗談を言っているのに、それでもなお、「こんな真面目な場で笑ってよいのかわからない」というような顔をしている人がいます。

そういう真面目な人は、1対1のコミュニケーションでも同じことをしています。例えば、偉い人が明らかに冗談を言っている時に、「ここは笑ってはいけない場ですよね……?」という困惑の顔をしていたりします。

**このようなタイプのスベる人は、礼儀などの社会的常識にこだわりすぎて、相手の面白**

**い話を潰していることがあります。**

本人は無害な存在と思っているのかもしれませんが、その場のリアクションが悪いと、話し手のテンションが下がってしまいますから、案外タチが悪いとも言えます。

一方、**ウケる人は、相手が偉い人であろうとどんな人であろうと、笑える時には素直に大笑いしています。**それによって話し手が気持ちよくなって、次々と面白い話をするという好循環が生まれます。

では、ウケる人は、なぜ普通の人が緊張してしまう場でも、自然に笑うことができるのでしょうか？

その理由は、両者の考え方の違いにあります。

スベる人は、コミュニケーションにおいて、どう反応すべきか迷ったら礼儀を第一に考え、真面目でいるべきと考えています。一方で、**ウケる人の場合は、どう反応すべきか迷ったら、とりあえず笑っておくべきだと考えています。**

この考え方の違いが、ウケる人、スベる人を決定づけているのです。

## 「笑わないと失礼」ということもある

実は私は、テレビの仕事をするようになっても、特に年の離れた人の前や、講演などを観客として聞いている時に、自由に笑うことができないタイプでした。

その理由は、とにかく他人から批判されることを恐れていたからです。例えば、講演などで大きな声で笑うことに、「迷惑だとか、何か変なことを言われたら嫌だな」と、強い抵抗感を覚えて、遠慮してしまっていたのです。

しかし、そんな私の考えを、ガラっと変える出来事がありました。

それは、あるラジオ番組に出演することになった時でした。私が、とある年上の経営者の方をインタビューすることになりました。その時、私は心の中では面白いと思っている相手の話も、少し笑顔を作る程度で、基本的に真面目にインタビューしていました。

その後、その収録のことも忘れていたある日、その取材音源を聞く機会がありました。そこで聞いた、インタビュー中の自分の冷たい態度に、とてもビックリしたのです。

相手が冗談めいたことを言っているのに、「あー、なるほど、そうなんですね～」と、特に反応も見せずに受け流したりしていました。

その時に痛感したのは、**「会話中は、むしろ笑わないと失礼」**だということです。

元々、「笑ったら失礼かもしれない」と思いすぎて笑えないという人は、この「笑わないと失礼」という可能性について考えてみてください。

そうすれば、今後、自然に人とのやりとりの中で、何かあったら、とりあえず笑っておこうと思うクセがつき、気づけばウケる人になっているはずです。

自他共に大人しいと認めている人や、自分は楽しいと感じていても、周りから「全然、楽しそうじゃないけど、どうした？　体調でも悪い？」などと聞かれてしまう人は、このテクニックを強く意識してみてください。

## ウケる人のコミュニケーション⑦
# 困ったら笑うクセをつけよう

## ウケる人は ちょいダサを演じ切る

## スベる人は 演じ切れずに中途半端

この項では、普段、三枚目キャラで通っている人が使える、ウケるテクニックをご紹介したいと思います。

出川哲朗さんと言えば、リアクション芸人の第一人者です。しかし、出川さんの才能は、それだけではありません。ちょっと上から目線の恋愛アドバイスを披露し、笑いを取るネタにも大変定評があります。

最近もテレビ番組で「恋愛に方程式なんてないから！」「(キスするタイミングはいつ？と聞かれて) タイミング？ 自分がキスしたい時がタイミングだよ！」という発言が、面白い上に的を射ていると話題になっていました。

さて、恋愛には方程式はないようですが、出川さんのような、**ＴＨＥ・三枚目の雰囲気の人が、二枚目なことを真面目に語ると笑いが取れる**という、笑いの方程式が存在します。

とはいえ、「なるほど！　恋愛の理論を、ちょいダサな雰囲気で言えば、笑いが取れるのだな」と思った方は要注意！　それだけでは、大きくスベってしまう可能性があります。

なぜなら、この方程式のコアは、何を話すかより、**「最後まで、遠慮せず、恥ずかしがらずに演じ切る」**という部分にあるからです。もし、ＴＨＥ・三枚目がクネクネと恥ずかしがって、中途半端に恋愛のクサイ話を語り出したら、普通にスベってしまうでしょう。

考えてみれば、当たり前の話です。普通の人が会話の中で、恥ずかしそうに恋愛テクニックの話を披露するだけなら、珍しくもないよくある話だからです。

そうではなくて、「あなた、そんなにモテるの？」って雰囲気の人が、堂々と、自信満々に恋愛について、上から目線で語っているから面白いわけです。

ですから、この方程式を使うには、とにかく、あふれる自信が不可欠なのです。

## 「変なことやってます」という自意識を捨てる

というわけで、自信を持って「ちょいダサ」を演じ切る人になるステップを紹介します。

まずは、**「特殊なことをやる」という意識を捨ててください。**

例えば、学生の頃、英語の時間に音読しろと言われて、英語っぽい発音で教科書を読むのって、どこか恥ずかしかったという人が多いのではないでしょうか。

その理由は、自分の中に「特殊なことをしている」という意識が強くあるからです。

ですから、「笑いのために特殊なことをやる」という発想を一度捨てて、二枚目になり切って熱く語ってください。それで一度、笑いが取れれば、実際に外国人の前で英語を話す時のように、中途半端に恥ずかしがるほうが、かえって恥ずかしくなります。

いきなりそんなことはできないという人は、そういう心構えを理解した上で、**小さいことからコツコツと、「演じ切る練習」をしていきましょう。**

例えば、「今日は、相手の目を見てしっかり会話する」など、自分の中でミッションを用意するなどして、会話に臨むようにしてください。もっとデキる人は、「変顔をやり切り、一度、笑いを取る」なんて目標でもいいでしょう。

これを繰り返すことで、人前で演じ切る感覚が養われていきます。

「二枚目を演じ切れない」という人はシャイな人が多いので、このミッションをやる時は、「ここに自分がいる」という存在感を、エネルギーを込めて、会話している相手にアピールする感覚を常に持つようにしてください。

なぜなら、やり切れるかどうかで重要なのは、声の大きさでも、表情の大げささでもなく、その人が自分の動作に込めるエネルギーの強さだからです。

そうやって「エネルギー」を意識して、自分の細かい言動に敏感になれば、今までやり切れなかった人も、徐々にやり切ることができるようになっていきます。

ウケる人のコミュニケーション⑧

## 三枚目こそ「二枚目の演技」が光る

## ウケる人は 他人の笑いを上手に奪う

## スベる人は 自分の笑いを奪われる

普段、仲間内でスベる人扱いされていると、どんな人でも自信を失ってしまいます。そのため、「私はスベる人である」と認識している人がいますが、実は案外、それはその人の思い込みである可能性も高いのです。

そんな人に知っておいてほしいのは、実は、**タチの悪いウケる人の中には、他人の笑いを奪う能力を持っている人がいるということです。**

テレビのお笑い芸人の中にも、時々、他人の笑いを奪うというマウンティング行為によって、自分だけが面白いように見せている人がいます。

では、その手口を明かしてしまいましょう。

例えば、誰かが話をしていて、ものすごくウケた話があったとします。そんな時に、十分ウケているのにもかかわらず、**「今のは、そっちじゃない！」**と、ツッコミを入れるお笑い芸人を見たことがありませんか？

実はこれをすると、ツッコミを言われた側は「えっ、じゃあ、どっちなの？」という戸惑ったリアクションを取るしかなくなり、それにより笑いがいくつか追加で起こります。

この**「今のは、そっちじゃない！」というツッコミは、ツッコミを入れた側が圧倒的に上であるという、上下関係を第三者に強烈に印象づける力があります。**

それによって、本来はツッコまれた側の話が面白くて笑っていた人も、気づけば、後からツッコんだ側の人が面白い人であると錯覚してしまいます。

たしかに、これは、手っ取り早く笑いが生まれ、言うのも比較的簡単なテクニックです。そのため、一般の人の中にも「そっちじゃないだろ！」などと、やたらお笑い通のオーラを出しながら、他人の笑いを奪う人が多くいるのです。

## 「他人の笑いを奪う人たち」はスルーすべし

実はこのテクニック、明石家さんまさんやダウンタウンの松本人志さんが、非常によく使っているテクニックです。

彼らを「笑いのカリスマ」と視聴者が感じる理由の1つとして、こうやって、他人の笑いを自分の笑いのように見せているという部分もゼロではないはずです。

とはいえ、**大物芸人は、このテクニックを相手を見て、とても健全に使っています。**

お笑い芸人の世界には、スベり芸と言われる、スベっているように見せかけて、笑いを取る専門家のような人がいます。あるいは、とにかく天然で、自分でも何を発言しているのか把握し切れていないようなアイドルなどがいます。

そういう人に対して、大物芸人は、このテクニックを使うことで、さらに笑いを増やしているのです。

しかし、お笑い好きな一般人の中には、大物芸人のそんな優しさを理解することなく、

ウケる人のコミュニケーション⑨

# 「笑いを奪う技術」には要注意

後輩など、自分より立場の弱い人に使いまくっている人もいます。

そうすると、そのテクニックを使われた人は、**自分の話がウケていても、ウケる人ポジションを奪われてしまい、自分はスベる人だと勘違いしてしまうのです。**

対策としては、そういう大物芸人気取りの人がいる集団で、**いちいち張り合ってウケる人になる必要は、そもそもありません。**

会話を傍観し続けて、波風を立てないようにするのも、１つの処世術です。

というわけで、タチの悪いウケる人の中には、他人の笑いを奪っている人がいること、そういう人のせいで自分をスベる人と勘違いしている人がいることを、理解しましょう。

その上で、自分がどちらかに属していないか、時々、俯瞰《ふかん》的に自分を見つめることが大切です。

## ウケる人は 自分から動いて笑いを取る

## スベる人は 他人を回そうとして失敗する

突然ですが、あなたはどういう時に「笑いを取った！」と解釈していますか？

こう聞かれても、おそらく、それほど明確な基準がない人が大半だと思います。

しかし、それは、実によくないことです。

なぜなら、**何が自分の取った笑いなのかを、きちんと把握していないと、笑いのPDCAを回すことが不可能になってしまうからです。**

最悪の場合は、あなた自身がオチを他人任せにして、上下関係で上にいるだけのスベる人になっているという事実に気づくことなく、ウケる人気分に浸りながら、お山の大将になってしまっている可能性もあります。

では、どういう笑いを、自分の起こした笑いと認識すべきなのでしょうか。それは、次の2種類だけだと思ってください。

1つは、自分のボケで、直接的に周りが笑う場合です。

もう1つは、自分のツッコミで、直接的に周りが笑う場合です。

つまり、**自分のボケ・ツッコミで笑いが起きた時、シンプルにこの時だけです。**

一方、素人が「自分で笑いを取った！」と勘違いしやすいのが、周りの芸人がボケやすいように、ちょうどいいパスを与えるといった、いわゆる**「回す」能力**です。

もちろん、プロのお笑い芸人の場合、例えば、司会を務める芸人の場合などは、この「回す」能力が評価されます。

ちなみに、芸能界ではそういう能力のほうが、単純なボケ・ツッコミで直接的に笑いを取る能力より、高く評価されることもあります。

ですが、普通の人の場合は、そういう高度な笑いの能力を一切意識する必要はありません。なぜなら、**あなたをウケる人、スベる人に分類するのは、お笑いのプロではなく、ごく普通の人たちだからです。**

「あいつ、場をうまく回しているな」なんて、あなたのお笑いの技術を評価してくれる人は、ほとんどいないはずです。それにもかかわらず、「自分が場を回して笑いを取った」と勘違いしていると、本当に、悲劇的かつ、最悪のスベる人になってしまいます。

## 独りよがりな「お笑い評論家」になるな！

そもそも「回す技術」は、プロの世界の中でも高度な技術です。それを使いこなせないプロだって大勢います。ですから、素人がそれを上手に使いこなすことなんて、ほとんど不可能と思ってよいでしょう。

その上、プロが上手に「回す技術」を使いこなしていても、それを一般の素人は、「イジメている」などと、ネガティブにとらえることが多かったりします。

ですから、そんな技術を見抜く目もない素人が、**芸人気取りでレベルの低い「回す技**

**術」を実践しても、ネガティブな反応以外が返ってくるはずがないのです。**

これだけ言っても、調子乗ってる系のスベる人は、「あいつは俺が何か振ると、面白いこと言うんだけどね。1人で話していると、足りないよな〜」などと、調子に乗ったことを言いがちです。本人には自覚はないのでしょうが、周りに白い目で見ている人が、確実にいると思って間違いないはずです。

というわけで、痛々しい感じのスベる人になりたくなければ、自分のボケ・ツッコミが、直接的な笑いにつながった時だけ、「自分が笑いを取った」とカウントするようにしましょう。

セミプロを気取って、「自分は他人を回している」なんて思っていたら、周りから嫌われる系のスベる人になってしまうので要注意です。

## ウケる人のコミュニケーション⑩
# 他人を回して笑いを取るのは厳禁

# 第4章

# ウケる人の話し方、スベる人の話し方

## ウケる人は
## 異常なことを普通の顔で話す

## スベる人は
## 普通のことをドヤ顔で話す

インプロのワークショップで、笑いを取るためのコミュニケーションゲームをやってみると、多くの人が「あること」にすぐに気づきます。

それは、**「面白いことしますよ～！」という雰囲気を、最初から醸し出している人は、たいてい面白くないということです。**

そのため、中途半端に芸人をやっている人よりも、笑いを取ろうという欲のない一般の人のほうが、ワークショップ中に爆笑を取ることもしばしばあります。

このようなことが起こる理由は、**笑いと驚きが非常に近い関係にあるからです。**

だから、「これから面白いことをやりますよ！」と予告して笑いを取ることは、最初から驚きがないので、大変難しいことなのです。

スベる人がやりがちな、周りにアピールするように、異常なテンションで笑わせようとすることは、百害あって一利なしなのです。

実際に、テレビで「『面白い話をします！』と言ってから、面白い話をしちゃだめだよ」と芸人が俳優などの笑いの素人に、冗談交じりに注意していることがありますが、その背景にはこういう理由があるのです。

一方、**ウケる人は異常なことを、あたかも普通のことを話すように、予期しないタイミングで話し、周りを驚かせています。**

どう見ても普通じゃないのに、平然とした顔をしている、そのギャップ＝驚きが、笑いにつながるのです。

例えば、異常なことを普通の顔でする代表格は、タモリさんです。

タモリさんは、あたかも文化人が真面目なことを語るような雰囲気で、とても変態チックな話題を熱く話していることがあります。**語っている内容と、その雰囲気があまりにもチグハグなので、ついつい笑ってしまうのです。**

## 「ドヤ顔」は、百害あって一利なし

その一方で、地方局の番組などを見ていると、その局のアナウンサーが「これから、面白いことをしますよ！」というドヤ顔をして、現場のリポートに臨んでいるシーンをよく見かけます。

それにもかかわらず、何かすごいことが起きるのかと思えば、「さあ、地元の名物料理を食べてみましょう！」というような、きわめて普通な展開だったりします。

これでは、見ているほうは、なんだか期待を裏切られたような感じがして、何かスベる発言があったわけでもないのに、スベったような空気を感じてしまいます。

ウケる人の話し方①

# 内容は奇抜でも、表情は冷静に

以上を、一番シンプルな言葉でまとめると、**ウケる人になりたかったら、いかなる場合も「普通の表情、普通のテンション」でいなければならないということです。**
異常なこと、奇抜なことを「自然体」で語るという、そのギャップによって、笑いが生まれるのです。

したがって、さあ面白いことを言うぞと、自分の中でテンションが上がっても、表情はグッとこらえて、普通の顔とテンションでその話をしてみましょう。
そうするだけで、いつも話している同じ話でも、今までよりも反応がよくなり、ウケるようになるはずです。

## ウケる人は オノマトペが得意

## スベる人は オノマトペが通じない

関西人は一般的に、関東人に比べると、話の中で「ドーン！」とか「バーン！」といった擬音語・擬態語、いわゆる**「オノマトペ」**を使いがちです。

私は、関西人の話が面白いと言われる理由の1つには、それがあると見ています。

なぜそう思うかというと、**実はインプロでは、オノマトペについて、使えば使うほど表現が豊かになるので、積極的に使おうと言われているからです。**

ではなぜ、オノマトペを使えば使うほど表現が豊かになるのでしょうか。

例えば、「コケた」という表現に、それぞれ違うオノマトペを加えてみます。

「ゴロンゴローンとコケた」
「ドスっとコケた」

この2つでは、頭に思い浮かぶ映像がまったく違うと思います。
ゴロンゴローンと言えば、階段を転げ落ちているようなイメージです。
一方、ドスっと言えば、尻もちのような感じです。

このように、同じ「コケた」という事実でも、**その場で伝えたい状況に応じてオノマトペを選ぶことで、聞き手により詳細な状況を、短い言葉で伝えることができます。**そのため、オノマトペの引き出しが多くあればあるほど、笑える話を作りやすいはずです。
また、オノマトペを聞くと、人間の脳は言語野以外の部分が反応するので、聞き手の頭の中では、単純に文章で表現されるより、より直観的でリアルな出来事として認識されるという研究もあるそうです。

そんなオノマトペですが、英語に比べて、日本語のオノマトペのほうが、圧倒的に数が多いということがわかっています。その理由として、日本語のほうが動詞の種類が少ないので、それを補う役割としてオノマトペが発達したという説があるそうです。

ということは、日本人の中でも特にオノマトペを多用する関西人は、関東人に比べて、表現が豊かであると言えます。

聞き手も細かな「具体的な絵」を頭に思い浮かべることができるので、関西人は面白いと言われがちなのではないかと、私は分析しています。

## 独自の表現×感情を込めて×大きな声で！

ここからは、普通の人がオノマトペを使いこなすためのヒントをお伝えしましょう。

その上で、非常に参考になるのが、芸人の宮川《みやがわ》大輔《だいすけ》さんです。宮川さんのオノマトペの巧みさは有名で、YouTubeなどに、テレビでオノマトペを披露した部分だけを編集した動画が出回っているほどです。

そんな宮川さんから学ぶ、オノマトペを使いこなすポイントは2つあります。

**1つ目は、「オリジナルのオノマトペを使う」ことです。**

例えば、コケたことに対するオノマトペも、「ドスン！」なんて普通の擬音ではなく、「シャーーーッッッ!!」という謎の擬音を言いながらコケると、スライディングのような、相当珍しいコケ方をしているようで、聞き手は面白く感じます。

**2つ目は、「強く感情を込めて、大きな声でオノマトペを言う」ことです。**

宮川さんは、いつもキーとなるオノマトペの部分だけを強調して、2〜3回繰り返しながら、毎回120％の感情で叫んでいます。

最終的には、オノマトペは、ニュアンスの世界です。つまり、感情が伝わるかどうかが大切です。自分の表現したいオノマトペの世界観を伝えるために、演劇のような感覚でオノマトペを使ってください。それだけで、面白さが何倍も変わるはずです。

ウケる人の話し方②

## 繊細かつ大胆にオノマトペを使いこなす

## ウケる人は　声のトーンを操る

## スベる人は　声量だけを操る

大勢の人の前で話す時、事前に聞き手を笑わせようとネタを準備する人は多いと思います。その場合、用意したセリフを、自信を持って大きな声で言えるように、あらかじめ練習する人もいるでしょう。

しかし、大変不幸なことに、**大きな声で自信満々にネタを披露したからといって、必ずしもウケるとは限らないのです。**なぜなら、大きな声でしゃべることで、聞き手がむしろ違和感を覚える場合があるからです。

具体例を挙げましょう。テレビなどで、若手芸人のネタを見ていると、とても声の大きいコンビを見かけることがあります。

しかし、そういう芸人に限って、うるさいと感じるほど声は大きいのに、肝心のネタの世界観が何も伝わってこない、ということが多いのです。

この時、聞き手は「声量が変わらず一定でうるさい」とか「声を出せばいいと思っているんだろ」と不快に感じるので、本来聞くべきネタの内容や世界観が頭に入ってこないのです。

つまり、声量がネタの内容とマッチしていないことが、聞き手の思考のノイズとなってしまっているのです。

では、ウケる人は、話をする時に声量のことなんて、何も考えていないのでしょうか。

もちろん、そんなことはありません。

むしろ、**ウケる人は声量も含めた、声のトーンを自在に操っているのです。**

ここでいうトーンとは、音の高低や、アクセントやイントネーション、感情などのニュアンスのことだと思ってください。

こちらも具体例を挙げましょう。「ありがとう」という言葉を、トーンを変えて言うとしたら、何種類の言い方ができるでしょうか？

イヤイヤ言っている場合、心底感謝している場合、大きな声を出せない場所で言う場合など、状況に応じて、数限りないパターンの「ありがとう」があるはずです。

ですので、もし状況に合わないトーンの「ありがとう」を言ってしまえば、聞き手には、違和感しか与えません。

だからこそ、**ウケる人はその場の状況に合った自然な「ありがとう」を適切に発信しているのです。**決して、「とりあえず大声で言っておけば伝わるはず」という短絡的な考え方はしていないのです。

## セリフは、一字一句覚えてはいけない！

とはいえ、トーンを操ると言われても、困ってしまうのも事実です。セリフを一字一句覚えて、正確にトーンを操ることは、ほぼ俳優の仕事である「演技」の領域です。素人がいきなり手を出しても、上手くいくはずはありません。

だから、まず「一字一句セリフを覚えるような、トーンを固めるような練習はしない」

ということが非常に重要です。

その代わりに、**話そうと思う話の流れを、3つ、4つの箇条書きのメモにしましょう。**

そして、それを見ながら、毎回、自分の言葉で説明する練習をして、話の大まかな筋道を頭に入れましょう。これを行うと、セリフを思い出すのではなく、日常会話で気心の知れた相手と話す時のように、無意識に自然なトーンで話ができます。

「そんなことで声のトーンが自然な感じになるの？」と思われるかもしれませんが、お笑い芸人のコントの練習などは、このように一字一句セリフ化しないで練習する人も多くいます。

なぜなら、同じコントでも毎回、お客さんに楽しく見てもらうには、その場の雰囲気に応じてトーンが調整できるくらいの「遊び」の部分が不可欠だからです。

というわけで、自分のトーンを殺さないために、箇条書きスタイルで練習しましょう。

ウケる人の話し方③

## 「箇条書き」で自然なトーンが身につく

ウケる人は
# タメ口で心をつかむ

スベる人は
# タメ口で人を怒らす

「ちょっとオッサン、何やってるの!!」

こんな感じで、タメ口で上司にツッコミを入れる若手社員を見て、ヒヤっとしたことはありませんか?

とはいえ、そういうツッコミが上手な若手社員って、多くの場合、上司から一番目をかけてもらっている存在だったりします。

一方で、普段から敬語の使い方がヘタな若手社員が、話が盛り上がるあまりにテンショ

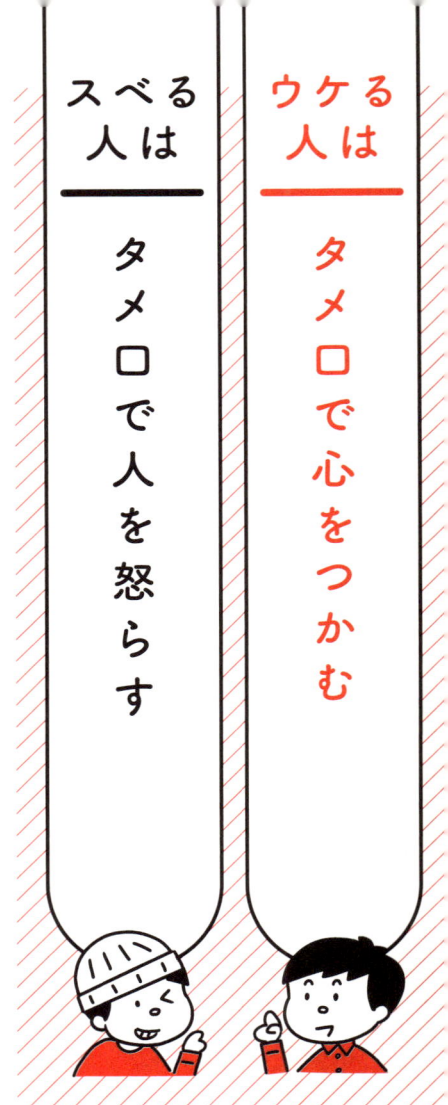

ンも上がって、上司に向かってついタメ口をきいてしまい、大目玉を食らっていることもあります。

一体どうして、こんなにも上司の対応が分かれてしまうのでしょうか？

実は、普通の人が偉い人にタメ口を上手に使うには、絶対に守るべき法則があります。

それは、**「タメロは、自分のタイミングで発してはならない」という法則です。**

より具体的に言うと、**タメ口がウケる瞬間とは、「目上の人が異常に暴走した瞬間」です。**

例えば、私の仲のいい先輩に、後輩へのイジり方が強烈な人がいます。

その先輩のトークがヒートアップしてきた時、後輩は1、2度目は、「そんなことないですよ」とか、「何言ってるんですか！」などと、敬語を使ってツッコミを入れます。しかし、3度目以上になってくると、「オッサン、いくら何でも失礼すぎるから！」と、タメ口でツッコんでもいい感じになってきます。

なぜ、タメ口をきいてもOKになるのか。その理由は、**先輩の側が、自ら権威が失墜するような強烈なボケをかましているからです。**それに対するツッコミという意味あいがある時のみ、タメ口が許されやすくなるのです。

一方、怒られるタメ口も分析してみましょう。

例えば、上司が若手社員に対して「ちょっと面倒な仕事なんだけど、明日までに頼むよ！　悪いね」と、仕事を振ったとします。

そういう時に、若手社員がおどけて「えー、明日まで？　できるかな～？」と、タメ口をきいてみたとします。そうすると十中八九、「お前、仕事ナメてるだろ！」と、上司の逆鱗《げきりん》に触れてしまうでしょう。

なぜなら、**上司が面倒な仕事を部下に振るという行為は、日常よくあるいたって普通の出来事だからです。**先ほどの暴走トークと違って、部下にタメ口でツッコまれるほど、異常なことではありません。

## 関係が対等になった一瞬を狙え！

ここまで説明しておわかりの通り、タメ口をきいてよい瞬間というのは、**上下関係が一**

**時的に崩壊して、対等になった瞬間なのです。**

だからこそ、上手に上司にタメ口をきくことができると、「対等な仲間意識」というのが生まれて、お互いの距離が一瞬で縮まるのです。

また、相手が過度にイジってきたり、セクハラっぽい発言をしてきたりした時は、タメ口で対等に言い返すことが牽制にもつながるので、そういった意味でも効果的です。

とはいえ、このタメ口がきける、きけないというのは、その人が持っている雰囲気なども大きく影響します。ですから、このタメ口の法則を使いたいと思う人は、本当に仲の良い目上の人から、試しに使ってみるようにしてください。

間違っても、あまりよく知らない、取引先の偉い人など、怒らせたらどうしようもない人に、タメ口を使ってみるようなことはやめてくださいね。

## ウケる人の話し方④
# タメ口のＯＫサインを見逃さない

## ウケる人は　言葉と感情が一致している

## スベる人は　言葉が綺麗でも感情がない

ビジネスの場で、初対面の取引先の人などに社交辞令で、あなたの仕事について、質問されることがあると思います。

そういう時、あなたは相手が明らかに自分に興味がないことを察しつつも、それなりに自分の仕事について説明しなければならなくなります。

そんな時、「うわぁエリートですね！　なんか、モテそう！」などと、微塵も心では思ってなさそうな雰囲気で語りかけてくる人がいます。そして、まったく打ち解けられそうにないまま、会話が続けられがちです。

このような軽薄系のスベる人は、とりあえず言葉を工夫して、「エリート」とか「モテそう」とか、相手が喜びそうな言葉を投げかけておけば、スベらないと思い込んでいます。

しかし、第1章で述べたように、**心と言葉が一致していない発言は、確実に相手を白けさせて、スベった空気が流れてしまいます。**最悪の場合、冒頭の例のように、相手をバカにしているような空気すら流れてしまいます。

では、ウケる人は一体どうやって、こんな瞬間を乗り切っているのでしょうか？

実は、**ウケる人は、相手にどんな言葉をかけるかではなく、「いかに自分が感情を込めて話せる話題を選ぶか」に、非常に工夫をこらしているのです。**

これだけでは少しわかりにくいと思うので、例を挙げます。

例えば、相手からペットの話題を振られて、自分は全然興味がなかったとします。しかし、同じ「あまり興味がない」ということを伝える場合でも、ウケる人とスベる人とでは、大きく対応が変わってきます。

スベる人の場合は、とりあえず褒める言葉を散りばめながら、相手にペットに興味がないことを伝えようとします。

その結果、「へー、ペット好きなんですね！　犬を3匹も？　お金もかかるのにすごいですね。僕はお金がないので、ペットのエサ代を払ったら、僕のエサ代がなくなってしまいます」などと言い出します。

これでは、どんな美辞麗句で飾り立てようと、「たかがペットに、そこまで金かけてもね！」と小馬鹿にした空気を、聞き手に感じさせてしまうかもしれません。

## ウソのない話のほうが、会話が弾む

一方、ウケる人は、適当な言葉を選ぶというより、**自分が感情を込めて語ることのできる、何らかの自分と動物のエピソードを頭の中から引っ張りだします。**もし、私の記憶の中から、そのエピソードを引き出すなら、こんな感じになります。

「いや実は私、高校の修学旅行の時に、乗馬を体験したんですよ。それが怖くて怖くて！私の乗っていた馬が、前を歩いてた馬に顔を蹴られてパニックになって。急にピョンピョンはね始めちゃって、本当に落馬して死ぬかと思ったんですよ！　それからというもの、いかなる動物も信用できないんです。だから、ペットなんて私は怖くて、絶対無理ですね」

乗馬で怖い思いをしたという体験にウソはないので、この体験を私は非常に感情を込めて語ることができます。これなら、相手の趣味を小馬鹿にした感じは出ません。

むしろ、その後の会話で、相手も話しやすくなり、「いくらなんでも怖がりすぎだよ！」とか、「犬や猫と馬は違うでしょ！」とツッコまれて、話が膨らんでいくはずです。

というわけで、**社交辞令では、必要以上に言葉を飾りたてる必要はありません。**そうではなく、自分が確実に感情を込めて話せる話をするようにしましょう。

そうすれば、話を適当に合わせている人特有の、聞き手を小馬鹿にした感じの話し方によって、スベることはなくなります。

## ウケる人の話し方⑤
# 美辞麗句より感情の込もったエピソード

## ウケる人は テンションが相手の最大値

## スベる人は テンションが自分の最大値

世の中には、いきなりギアをチェンジして、いつでもハイテンションになることが可能な人がいます。一方で、マイペースで、テンションを上げるまでに時間がかかる人もいます。

このマイペースタイプの人が、自分の許容範囲を超えるテンションの人と話さなければいけない時、ドギマギして、何を言ったらいいかわからなくなってしまいます。

これは講演など、大勢の人の前で話す時でも同じです。最初から講師のテンションが高すぎると、聞いている人は心の準備ができずに、ドギマギしてしまいます。

その結果、講師は面白いことを言っているのに、ハイテンションすぎて聞き手がついてこれず、まったく笑いが起きないという不思議な空間ができあがってしまいます。

そもそも、多くの日本人は、テンションを急に上げるのが苦手なマイペースタイプです。ですから、**笑いを取るうえで、いきなり自分の最大値のテンションで相手に接するのはよくないのです。**

とはいっても、聞いている人のテンションが低いままでは、それはそれで話が盛り上がらず、飽きられてしまいます。つまり、最初はそこそこのテンションの高さで話をしつつ、徐々に聞き手のテンションを上げていく必要があります。

では、どうしたらよいのかというと、話し手が **「聞き手が許容する最大値のテンション」** で話し続ければいいのです。

やり方は、**話し手側が、聞き手がついてこれるかこれないか、微妙なラインの高さのテンションで話し続けるだけです。** これを続けると、自然に聞き手側のテンションの許容範囲が上がっていくのです。

## 聞き手自身に問いかけて、テンションを上げろ！

具体的には、**聞き手と積極的に目を合わせてリアクションを観察し、テンションの高さを調節しましょう。**

例えば、最初は、聞き手が声は出さなくても笑顔になっているぐらいがちょうどいいでしょう。もし、あなたが目を合わせようとした時に、視線をそらす聞き手が続出したら、それはテンションを上げすぎです。

これを私は「テンション許容範囲の拡張作業」と呼んでいます。

ここで、テンションの拡張作業を行ううえで、使えるキーワードを紹介します。

それは、冗談の反応が薄い時などに「ここは、笑うところですよ！」とか、「あれ、オカシイな。これ、毎回、ウケるんだけどな？」と発言することです。つまり、**聞き手にリアクションを求める言葉です。**

あるいは、冗談を言った後に「こうやって堅苦しい感じじゃなく、冗談を交えて楽しくやっていきたいと思います」とフォローするのも有効です。

## ウケる人の話し方⑥

# 聞き手のテンションの許容範囲を見極める

これらの言葉には、聞き手に、固くなっていることを気づかせ、「もう少しテンションを上げて笑っていいんだ！」ということを再認識させる力があります。

よく、予備校講師とか、学校の先生とかが、こういった言葉を使っているのを耳にしたことがあると思いますが、その裏にはこのような理由があったのです。

このような言葉がけによって、聞き手自身のテンションが高くなり、より楽しく話し手の話を聞けるようになるのです。

ということで、ウケる人になりたければ、聞き手のテンションの最大値を探りつつ、要所要所で聞き手自身に問いかける言葉を発して、徐々に場を盛り上げていきましょう。

そうすれば、テンションの上げすぎでスベることはなくなるはずです。

## ウケる人は リラックスしていて清々しい

## スベる人は 緊張していて痛々しい

人前で話す時に、とても緊張した雰囲気を醸し出してしまう人がいます。

緊張しているだけならまだいいのですが、そういう人に限って、ガチガチに緊張しているオーラを出しながらも、なぜかさかんに冗談を飛ばしていたりします。

とはいえ、残念ながらそういった挑戦は、ほとんどの場合、失敗します。

もっと言えば、あまりにも痛々しくて、見ている側が辛くなってしまうようなスベり方をしがちです。

このような**「緊張しているのに、頑張って笑いを取ろうとするチャレンジャー」系のス**

**べる人の緊張の根源は、「ウケたい！」という強烈な思いです。**

ここでも「やる気のある者は去れ」という言葉を思い出してください。緊張すればするほど、「ウケたい」と思えば思うほど、笑いからは遠ざかってしまうのです。

冷静に考えてみましょう。例えば、お笑い芸人が漫才などを行う場合、それは明らかに、ウケる必要があります。

しかし、普通の人の日常において、必ず笑いを取らなければいけない場面なんてあるのでしょうか？

実は、そんな必要はどこにもありません。「今日は、笑いを取るぞ！」と、自分で勝手にハードルを設置した場合だけです。

しかし、実は私も以前は極度のあがり症で、人前で話すとガチガチに緊張して、痛々しい感じになりがちでした。ですから、緊張しがちな人に「緊張するな！」と言ったところで、どうにもならないことを知っています。

というわけで、この項では「ウケる人になる方法」というよりは、「どんなに緊張する状況でもスベらないための技術」についてお伝えします。

## ウケを取ることと、人前で話すことは別物

肝心なのは、先ほども言ったように、「ウケたい」という気持ちをなくすことです。

一言で言えば、**「笑い」から積極的に逃げるのです。**


笑いを取ることを、一度きれいさっぱり、あきらめてしまいましょう。

だって、自分の心の準備ができていないのなら、絶対に笑いは取れないことは明らかですし、結果が出ないとわかっていることにチャレンジしても、本人にも話を聞かされた人にも、誰にも得がありません。


まず、**このように思うだけで、痛々しくスベるという状態からは解放されます。**

ですから、まずは笑いを取ろうとせずに、人前で真面目に話すという経験をできるだけ積んで、それに慣れたら笑いに再チャレンジしてください。

そもそもの話ですが、チャレンジャー系のスベる人は、人前で真面目に話すことすら、ぎこちない人が多いと思います。

単に人前で話すことよりも、大勢の人の前で笑いを取ることのほうがレベルの高い行為です。ですから、**人前でまともに話せるようになる前に、ウケを取ろうとすること自体が間違いなのです。**

あなたが1対1の時にどれだけ「ウケる人」だったとしても、人前で話した時に、あまりに痛々しいスベり方をしたら、普段の笑いがチャラになってしまいます。普段はウケる人だったとしても、スベる人と認識される恐れがあります。

苦手なことは避けたり、自分のレベルが上がってからチャレンジするという姿勢も、ウケる人になるには、とても重要なことと言えます。

## ウケる人の話し方⑦

# 時には、笑いから逃げてしまおう

## ウケる人は　建前でも笑う

## スベる人は　面白い時にだけ笑う

みんなが笑っている時に、1人だけ全然笑わないで白けた顔をしている人が時々います。しかも、白けるというのは伝染病のようなもので、そういう人が1人でもいると、何となく、その場全体の雰囲気がスベった感じになってしまいます。

つまり、あなたが一言も発していなかったとしても、人と笑いのツボが違うだけで、周りの人からスベる人と認識されてしまう可能性があるのです。

ですから、ウケる人になりたかったら、**自分の笑いのツボを浅くして、どんな事柄にも**

**笑えるようにしておくと、とても効率がいいのです。**

実際、テレビで活躍しているお笑い芸人を見ていると、びっくりするぐらい笑いのツボが浅い人がいると思います。

笑いのツボが浅いことには、2つのメリットがあります。

**1つは、話し手にとって、笑いという合いの手が入ると、気分が上がって話しやすくなるということです。**

お笑いタレントのラジオ番組などでは、合いの手を入れるためのアシスタントとして、笑い上戸の放送作家をつけていることがよくあります。

どんなに笑いの技術が高いお笑い芸人だって、目の前で笑ってくれる人がいるというのは、とても心強いことなのです。

もう1つは、**誰かが笑っていると、つられて笑ってしまう人がいて、1人の笑いが伝染し、その場全体が盛り上がる、ということです。**

実際、多くのバラエティ番組では、視聴者がつられて笑うように、スタジオにお客さんを入れて笑い声を録ったり、笑いどころに後から笑い声を追加したりしています。

## いつでも自然と「笑い上戸」になる方法

とはいっても、あまりに何でもかんでも笑っていたら、他人からバカみたいに見られてしまう可能性もあります。

例えば、箸が転んでもおかしい年頃の女子高生は、全然面白くないことでも、「ウケる～！」と発言しがちです。そういう風にはなりたくないと感じる方も多いと思います。

そういうバカっぽさを出さずに、笑い上戸になる方法があります。

それは、**自分以外の誰かが笑った瞬間、すかさず自分も笑うという方法です。**声は出さなくてもいいので、とりあえず、無理やりにでも笑顔を作ってみましょう。

これを聞いて、「ウケる人は、自分に正直でないといけないのでは？」と、ツッコみたくなる人もいるでしょう。しかし、ここは強制的にでも笑うことが必要な瞬間なのです。

**実は、人間の感情は、顔の表情筋に大きく支配されています。**表情筋を使って、自力で強制的に笑っていると、それをきっかけに相手の話を面白いと感じる可能性も非常に高くなることが、科学的にも証明されています。

ウソだと思う方は、ダマされたと思って、箸をくわえて、口を大きく開いたまま強制的に笑顔を作った状態で、コメディ映画を見てみてください。口を閉じて見ている時よりも内容を面白く感じるはずです。

だから、**なるべく相手の話に笑うようにしていれば、自然とツボが浅くなります。**私も実際に、この方法を使って笑い上戸になれたので、若く尖っていた頃に比べると、かなり笑いのツボが浅くなりました。

周りに釣られてただただ笑っているだけだなんて、バカみたいと言えば、たしかにバカみたいです。しかし、これでスベる人と思われないなら、それでいいじゃないですか！時には、笑いに魂を売るということも必要です。

ウケる人の話し方⑧

## ニコニコしていればどんな話も面白い

## ウケる人は モノに例える

## スベる人は ヒトに例える

人の見た目を、誰か別人に例えるというのは、ハマればすぐに笑いが取れる手法の1つです。ですから、これが得意な人は、簡単に笑いを取ることができます。

しかしその一方で、確率は低いものの、**別人に例えることで、例えられた人を激しく傷つけたり、強烈にスベってしまう可能性も秘めています。**

例えば、私は少し前に、バーで急に話しかけてきた60歳前後の年配の女性の地雷を、見事に踏んでしまったことがあります。

というのも、初めて会ったその女性が「私、ある芸能人に似てるってよく言われるんだけど、誰だと思う?」と、無茶な質問を投げかけてきたのです。

私は、初対面で失礼なことを言って怒らせてはいけないから、年配のきれいな女性ということで「吉永小百合さん?」と、答えてみたんです。

そしたら、「吉永さんは70代でしょ! 私は、そこまで年取ってません!」と言って、気を使ったつもりが、ヘソを曲げられてしまいました。

正直バーは暗くて、相手の年齢もよくわかりませんし、吉永小百合さんに日頃から関心があるわけでもないので、吉永さんが70代かどうかも、よく知りませんでした。だから、心の中では、「じゃあ何と言われたくて話しかけてきたんだ!」と、やや怒っていました。

しかし私も大人ですから、笑顔で対応しなければなりません。

ですから「吉永さん、そんなお年でしたっけ? 昔のイメージのままで止まってましたよ。とにかく、ああいう、和服が似合いそうな雰囲気が似てると思っただけですよ」と一生懸命に弁明したんですが、後味が悪いものになってしまいました。

## 人に例えるのは、そもそもハイリスク

このように、話し手がポジティブなイメージで誰かに似ていると例えても、本人はコンプレックスを強調されたと思ってしまうことが、時々起こります。

それに例える側も、そんなに詳しく知らない人物に例えてしまうということをやりがちで、知らず知らずのうちに、明らかに失礼な例えをしてしまう可能性も大いにあります。

ですから、そもそも、**人の容姿を誰か別人に例える笑いの手法は、気心の知れた仲間以外には使わないほうが得策です。**

しかし、今回私が遭遇したような、「誰に似てる？」としつこく聞かれるようなケースなど、何か言わなければならない場面であれば、**「人の内面をモノに例える」という方法を使って切り抜けましょう。**

例えば、先ほど私が出会った褒められたいオーラの出ている年配の女性に対してなら、

「誰に似てるって言われても……強いて言うなら、誘導灯とかですか？　暗い中でも輝いていらっしゃるので」

などと、あえて夜空の星などとは褒めずに、やや意外性のある方向にズラしたモノに例えて適当に笑いを取り、すぐに話題を変えるのが正解だったと思います。

だって、「誘導灯」と言われたぐらいで、「ひどい！」と言われるほどでもないでしょう。場合によっては、「うまい！」と言ってくれる人がいるかもしれません。仮にスベっても、「意味がわからない」と言われるぐらいでしょう。

このような「ゆるいボケ」で逃げるという方法は、少なくとも、怒らせるよりはマシではないでしょうか。というわけで、よく知っている人以外には、誰かを別の人物に例えるのは、相手を怒らせる可能性があるので、回避しましょう。

## ウケる人の話し方⑨
# モノに例えておけば無難に逃げられる

## ウケる人は マニアックな例えで面白い

## スベる人は 一般的な例えでつまらない

関根勤さんと言えば、芸能界で何十年も活躍しているベテラン芸人です。

しかも、これといった派閥に所属しているわけでもないのに、あらゆる人に愛される、芸能界の中でも、珍しい才能を持った方です。

そんな関根勤さんがよく使う笑いのテクニックに、一般の人も真似しやすいものがあります。それは、日本人なら一度はテレビで見たことがあると思われる**「関根勤式のマニアックな例え」**です。

関根さんは、格闘技に相当詳しいことで有名です。そこで、相当マニアックな人物が登場する、関根式の例え話を考えてみます。

例えば、誰かに対して「タイの国民的英雄のボクサー、カオサイ・ギャラクシーの試合前みたいな鋭い目をしていた」といったような例えで、笑いを取るような感じです。

ところで、この本では繰り返し、マニアックな表現は理解できる人が少ないので避けたほうがいいと書いてきました。もちろん、マニアックな人物が登場する関根式の例えにおいても、この法則の例外ではありません。

つまり、**関根さんのマニアックな例えというのは、実は、一見そう見えているだけで、構造自体は非常にシンプルになっているのです。**

早速、構造を分析してみましょう。先ほどの例えでいえば、特徴が2つあります。

1つは、カオサイ・ギャラクシーという人物の顔や姿を、一般的な日本人は思い浮かべることができないという点です。

もう1つの特徴は、タイの国民的英雄のボクサーが、試合前に鋭い目をするということについては、その顔を知らなくても、容易にイメージが可能な点です。

つまり、実は**関根さんの例え話は、「試合前のタイのすごいボクサーの目つきに似ている」という誰でもわかることを言っているだけなのです。**

そこに顔を思い浮かべられない人物の固有名詞を加えることで、変化球としての面白さを増している、という構図なのです。

## 例えるコツは、「固有名詞」or「場面の特定」

あなたが何かを例える時に、例えば「熊みたいに強そう」と言いたかったとします。

そんな時は、その熊をなるべく特定してみてください。

**特定して例える際には、固有名詞を使う、あるいは、場面を特定する方法がおすすめです。**

繰り返しになりますが、「熊みたいに強そう」で例え話としては成立しているので、その特定の熊が相手の頭に浮かぶかどうかは、気にしなくても大丈夫です。

例えば、次のような表現が考えられるでしょう。

「のぼりべつクマ牧場のボス熊・ダイキチぐらいに強そう」（固有名詞）

「熊よけの鈴にもビクともせずに、子熊を守ろうと、人間に向かって突進してくる母熊ぐらい強そう」（場面の特定）

どちらかといえば、後者のようなマニアックな場面をすぐに思いつくことは難しいかもしれません。しかし、**前者の固有名詞であれば、準備しておけば言うのも簡単です。**

自分は詳しいけど、他の人は誰も知らないような人とか動物などのマニアックな例え話を、あらかじめ作っておけばよいのです。

アドリブトークだからといって、その場ですべての話を組み立てなければいけないわけではありません。普段から、自分が使いやすく、評判の良い冗談のストックを持つことは、ウケる人になる上でとても重要です。

ウケる人の話し方⑩

## マニアックな例えをシンプルに使う

## ウケる人は
## 他人のパロディが上手

## スベる人は
## 他人を怒らすのが上手

以前、矢沢永吉さんのモノマネをしたタレントが、矢沢さん本人と、モノマネを巡って裁判で揉めたことがありました。

このように、**モノマネという芸は、簡単に人を笑わせることができて便利ですが、モノマネされた本人は不快に思うこともあり、トラブルになることがあります。**

こういったモノマネのトラブルは、芸能人だけの特殊な事例なのかと言えば、そんなことはありません。一般の人でも、裁判沙汰にまではなりませんが、自分のモノマネをされて不快になる人は大勢います。

その一方で、プロ・素人にかかわらず、どんなに人のモノマネをしようと、本人との関係が良好で、まったく問題にならない人がいます。

モノマネによってトラブルを引き起こす人と、そうでない人の違いは、一体、どこにあるのでしょうか？

その違いは、**パロディ化がきちんとできているかどうかという点です。**

実は、**トラブルなくウケる人というのは、誰かのモノマネをしながらも、まったく別の新しいものを作っているのです。**

一方、モノマネで人を怒らせる人は、その人の欠点や独特な特徴を、やみくもに誇張しているだけという状態になっていることが多いのです。

私も学生の頃、モノマネで他人を怒らせたことがあります。

当時、あごがシャクれた友人Aのモノマネとして、ほとんどアントニオ猪木のモノマネを披露している友人Bがいました。その猪木モノマネが始まると、モノマネされた友人Aは「それは俺じゃないでしょ！　猪木だから！」と笑っていました。

それを見た私は、より正確に、シャクれた友人Aがクラスの女子に照れながら話しかけるモノマネをしてみました。すると、猪木のモノマネよりも、私のモノマネのほうが、仲間内では笑いを取っていました。

しかし、真似された友人Aは、「お前のモノマネはマジで腹立つ！」と本気で怒った目をしながら私を睨《にら》み、肩パンチをかましてきました。

## モノマネは「突き抜ける」くらいが安全

このように、**モノマネをするなら、「俺はそんなんじゃない！」というツッコミの余地を与えるぐらい誇張しないと、相手が不快に思って怒る可能性が高いのです。**

ですから、逆説的ですが、モノマネをするなら、コロッケさんレベルの、本人の形跡がほとんど残らないほどの突き抜けたモノマネのほうが、トラブルにならないのです。

実際、コロッケさんは、際どいモノマネをしているご本人とでも仲が良くて、一緒に営業に行かれたりしていますよね。

また、どう転んでも、モノマネされるのが嫌いな人というのがいます。芸能界で言うなら、冒頭で言及した矢沢永吉さんは、そのタイプだと思います。あるいは、織田裕二さんも、そんなタイプでしょう。

ポイントは、自分の感覚では「それぐらいのモノマネならいいじゃん！」と思っても、相手はあなたと感覚が違うので、嫌だと感じているかもしれないということです。

この感覚の差は一生埋められないので、あなたの数少ないモノマネレパートリーだとしても、相手が少しでも嫌な顔をするなら封印するのが得策です。

その代わりに、モノマネが得意な人は、**有名な人やキャラクターのモノマネを積極的に披露しましょう。**一般人が知り合い相手に、矢沢永吉さんの欠点を誇張するようなモノマネをしたって、世界のＹＡＺＡＷＡも、そこまでは関知しないはずですからご安心を！

ウケる人の話し方⑪

## モノマネはパロディ化して笑わせよう

# 第5章

# ウケる人の対応力、スベる人の対応力

## ウケる人は
## スベったことを笑いに変える

## スベる人は
## 一度スベるとそのまま逃げる

どんなに高度な技術を身につけたウケる人だって、時に、思ったよりウケず、スベってしまうことはあります。もちろん、その瞬間は、精神的なダメージが発生します。

しかし、**本当にウケる人の場合は、そのスベったことを笑いに変えてしまいます。**

一方、**スベる人は、一度スベったら、下手をすると、その日は一日中へこんだままというようなことになってしまいます。**

もしスベったとしても、「スベった」ということをネタに新たな笑いを取れるようになると、スベったことが帳消しになります。

そのため、同じ回数スベっている人がいたとしても、スベったことをネタにできる人のほうが、圧倒的にウケる人と周りから思われるはずです。

## 「スベった」をネタにする3つの秘訣

「スベった」をネタにするには、3つの方法があります。

1つ目は、**「今、スベっている」と感じたその瞬間に、スベったことをネタにする方法です。**

例えば、中途半端に会話を切って、**「あれ？　ひょっとして、今、私スベってます？」**と、明るい雰囲気で不思議そうな顔をしてみてください。そうすると、笑いが起きる可能性が高く、スベっていたような空気が、ガラっと変わるはずです。

この方法は、1対1で話している時、複数で話している時、あるいは、大人数に向かって話している時など、場所を問わず、あらゆる場面で使えるテクニックです。

特に、人前で話していて、空回りしてしまっている時などに使うと効果的です。なぜなら、それによって話し手側の焦りと聞き手側の退屈さが、一旦リセットされるからです。
人前で話す時に、空気がダレたと感じたら、ぜひ積極的に使ってみてください。

2つ目は、**自分ではない人がスベってしまった時に、それをネタにする方法です。**
誰かが冗談を言って、完全にスベってしまって、何と言ったらいいのか誰もわからず、気まずい沈黙が流れる瞬間があると思います。

そういう時には、**「今、派手にやらかしましたね！」**とか、その場の出来事を共有するような言葉を投げてみましょう。もちろん、相手と発言するタイミングには注意する必要はありますが、他の聞き手に「共感」が生まれて、笑える空気が復活します。

3つ目は、**過去にスベったことをネタにする方法です。**
これは単純に、話している相手が、過去に自分がスベった時のことを知っていれば「あの時は、ひどかったね（笑）」と、一言言ってみてください。

それを合図に、その時スベったことの一部始終を簡単に振り返って、「これじゃ、ウケるはずないよね」と締めてみてください。この場合、「ウケない」というオチを知った上で、ダメな話を振り返っているので、聞き手も「何やってんだよ～」などとツッコみやすく、思ったよりも笑えます。

実際、今は売れているお笑い芸人も、若手の頃にスベった時の話などをして、笑い話にしていると思います。これは、**自虐ネタの一種でもあるので、相手に親近感をもたせる効果もあり、上手に使えると効果的です。**

というわけで、スベったからといって、すぐに逃げてはダメです！　それでは一生スベる人のままになってしまいます。

スベったことをネタにして、一度と言わず、二度三度、笑いを取りましょう！

ウケる人の対応力①

## スベった時にもチャンスはある

## ウケる人は どんな出来事も笑いに変える

## スベる人は 笑い話に変える能力がない

「怪我をしたり、事故に遭ったりすることは悲しいことですか？」と聞かれたら、ほとんどの人が、「はい」と答えるでしょう。

しかし、本当にそうでしょうか？　ギャグ漫画などを見ていると、登場人物がボコボコにされるような場面がよく出てきます。

例えば、全世界的に人気のアニメ「トムとジェリー」は、猫のトムとネズミのジェリーが常に争っていて、お互いを、ひたすらボコボコにし続けるという内容です。

トムもジェリーも、家具の下敷きになろうとどうなろうと、血が出たり傷ができたりしないだけで、「暴力」という意味ではビートたけしさんの映画と同じくらいに激しいと言っても過言ではありません。

それにもかかわらず、世界中の子どもたちが、それを見て笑っているのです。

つまり、「笑えるエピソード」は、必ず笑える体験から生まれるわけではありません。むしろ、**不幸だったり、イライラしたことだったり、ネガティブなことであろうと、感情が強く動くようなことは、必ず笑い話になるのです。**

ですので、**ウケる人というのは、あらゆる体験を笑い話に変えるのが得意です。**

ちなみに、お笑い芸人のビートたけしさんが、暴力映画で大成功しているのも、ここに答えがあるのだと思います。たけしさんは、お笑いと映画で見せ方を変えているだけで、基本は「暴力」の専門家なのでしょう。

一方、**スベる人は、ネガティブな体験を、笑い話に変えられない人と言えます。**

「ウケる話＝楽しい話をしないといけない」と思い込んでいるので、「そもそも話のネタがない……」と、ネガティブな体験に目を向けようとしないのです。

## 「絶対に大丈夫↓大失敗」の流れは鉄板！

ウケる人になるために、まず、自分にとって嫌だったり、恥ずかしかったりした話を笑える話に調理する技術を身につけましょう。

私がオススメするフォーマットは、**「大丈夫だと思って余裕をかましていたのに、実は大失敗だった」**というパターンです。例えば、私の不幸話を1つ、披露してみます。

「ある日の外食中、ペーパーナプキンを床に落としてしまったので、拾おうとしました。ですが、スマホを見ながら拾おうとしたために、机の角に、かなり激しく頭をぶつけてしまったんです。けれど、ぶつかった勢いは激しかった割には、そんなに痛くはなかったので、特に気にも留めずに、そのまま家に帰りました。

その時は夏だったので、『今日はやたら暑いな～』なんて思いながら、時々、額の汗を手で拭いながら歩いていました。

でもなぜか、私のことをジロジロ、すれ違う人がいぶかしげな眼で見てくるんです。だから、『変だな。何か、やたら見られてる気がする……』と思いながら、ふと、自分の手を見たんです。

そしたら、なんと血ミドロだったんです！　額の汗だと思っていたものは、全部、血だったみたいで、よくよく見ると顔からTシャツまで、血まみれになっていました！

その瞬間、自分が血だらけと知ってパニックになって、今までまったく平気だったのに、急に貧血っぽくなり、倒れそうになりました！　ジロジロ見られて当然ですよね（笑）」

このように、どう見ても不幸な流血騒ぎも、見せ方を変えると笑い話になります。

実は、**楽しい体験からよりも、不幸だったり、暴力的なエピソードからのほうが、ギャップを生みやすいのでウケる話を作りやすいのです。**

というわけで、今日あった不幸なことは、笑い話として最適なので、負の経験を肯定して、周りを笑わせてしまいましょう。そうすることで、生きやすくもなり、ウケる人にもなれるので、一石二鳥です！

ウケる人の対応力②

## ネガティブ体験こそ、笑いに変える

## ウケる人は 社会や自分に毒を吐く

## スベる人は 目の前の人に毒を吐く

時々「俺って、毒舌だからさー！」と、自分のキレキレの毒舌っぷりを、鼻にかけている人がいます。

しかし、そういう人の大半は、**普段、周りの人が踏み込まないレベルの悪口を誰かに言いさえすれば、笑いになると思っている人です。**

また、そういう人の毒舌の笑いは、パワハラ的な構図になっています。言っても許される立場の人が、言われても許すしかない弱い立場の人に毒を吐いているのです。

ですから、毒を吐かれた側や、それを聞かされた周りの人も、愛想笑いをするしかありません。そのため、**周りは毒を吐く人のことを、空気の読めないスベる人と思っていても、その場では何となく、ウケているように見えます。**

しかし、そんな状態は長く続きません。多くの人は、いつ自分が毒舌の標的にされるかわからない、過度な毒を他人に吐く人には、近づきたいとは思いません。

そのため、「あの人のことは、○○さんが苦手だって言うから、呼ぶの止めておこう」と理由をつけて、あらゆることに誘われない側の人間になってしまいます。

とはいえ、最近のテレビでは、毒舌キャラが大流行しています。

マツコさん、有吉さん、坂上忍さんなど、ここ10年ぐらいでトップ司会者となったタレントの多くが、過激な毒舌トークが得意です。そのため、一般人の中に、自分のキレキレの毒舌を披露したくて、ウズウズしている人がいるのも理解できます。

ですが、**テレビの世界と一般社会では、毒舌に対する反応がまったく異なります。**

テレビは一方通行のメディアです。ですから、出演者がどんなに毒舌であろうと、その毒が視聴者自身に向かうことはありません。また、毒を吐かれる人たちも、自分の意思でテレビに出ているので、毒を吐かれていてもそんなに気の毒な感じはしません。
だから視聴者は、絶対に安全なところから、安心して毒舌を楽しんでいるのです。

## 「社会への毒舌」は仲間意識を高める？

とはいえ、普通の人の中にも、ちょうどいい塩梅《あんばい》で毒舌キャラのウケる人がいます。
ここでは、他人に怖がられたり嫌われたりしない毒の吐き方をお伝えします。

シンプルに言うと、特定の個人ではなく、**①社会や一般化された人々に対して、あるいは、②自分自身に対して、毒を吐けばいいのです。**

社会への毒舌とは、「消費税を引き上げた政府」「ちょっとした不祥事もすぐに叩いて炎上させる世論」への毒舌というようなことです。

また、一般化された人々への毒舌とは、「怪しいビジネスを勧めてくる人」「意識高い系の人」「セクハラオヤジ」など、特定の個人ではない誰かを対象にした毒舌のことです。

例えば、「中高年」という特定の集団に向かって毒舌を吐きまくる、綾小路《あやのこうじ》きみまろさん的な毒舌だと思ってください。

こういった毒は、**特定の誰かを不快にする可能性が低いことはもちろん、仲間との信頼関係を深めるという効果もあります。**

なぜなら、共通の敵を作ることで、人間は一致団結する傾向があるからです。これは、敵対国家を罵ることで、国民の一致団結を図るという、独裁国家なども使う手法です。

そして、もう1つの自分自身への毒舌とは、自虐ネタという意味です。

自分に対していくら毒を吐いても、他の人は「次は自分に向かうかも」とは思わないので、そこは安心して存分に使ってください。

というわけで、テレビと一般社会は違うことを理解して、特定の個人を対象にした毒は吐かないようにして、上手にウケる人になってください。

## ウケる人の対応力③

# 毒舌の対象は「社会か自分」と心得る

## ウケる人は 友人にこそ気を使う

## スベる人は 友人だからと喋りすぎる

友人と話す時に、自分は鉄板だと思っているネタが、イマイチ、ウケないという悩みを抱えている人も多いかもしれません。

こういう場合、あなたは「友人だから自分のことをわかってくれているだろう」と思って話すのですが、**実は相手はあなたのキャラクターをつかみきれておらず、距離の近い話をしすぎているということが多いのです。**

例えば、昔からの友人の30代半ばの男性が、「やっぱり、30歳を超えると、金を使わないとモテないね。若い頃みたいには、いかないな～」というトークをし始めました。

本人としては、周りの人に「別に、若い頃からモテてないだろ！（笑）」と、強烈なツッコミを入れてもらって、笑いが取りたかったのかもしれません。

しかし、その友人との距離がかなり近く、キャラクターを完全につかんでいて、発言が100％冗談であると確信できないかぎり、普通そこまでのツッコミは言えません。

たいていは、社交辞令で「そう？　今も結構、モテるんじゃないの？」くらいしか言えないでしょう。もし踏み込んだとしても、「若くなんか絶対なれないんだから、ガンガン稼いで、これからは金の力だけでモテていこう！」と言うぐらいで、友人とはいえ、相手に気を使って、本人をおだてる系のコメントしかできないのです。

**実は、こういうスベり方を無意識にしている人が思ったよりも多くいます。**

例えば、本人はウケる話だと思って、「うちの子がバカすぎて困ってて〜（笑）」とか、「彼氏がハゲ始めて、髪ばっかり気にしてて〜（笑）」とか、そんな話をしがちです。

しかし、もしあなたが、そんな話を友人からされたら、何と返せるでしょうか？

テレビのお笑い芸人のように、「何？　あの彼氏、ブサイクな上に、ハゲ始めたの？　もう、お前しか拾ってやる奴いないから、早く結婚してやれよ！」なんて言えますか？

こういう微妙な話を振られたら、周りの人は、気を使いながら「あー、そうなんだー、大変だねー」などと、ありきたりな受け答えをしなければならなくなります。これでは、笑うに笑えないし、ツッコミも入れにくいし、スベる人になってしまいます。

## 友人に「話してはいけない」２つの話題

というわけで、もし、自分が話すと、友人が微妙な顔をして、話があまり盛り上がらないと思うことが多い人は、次の2つの話題を避けるようにしてみてください。

1つは、**聞き手が微妙に知っていて、話し手と近い関係にある人をこき下ろすような毒舌系のネタです。**

例えば、先ほどの例のように、話し手が自分の子どもや恋人について毒舌を吐くと、ある程度その関係性を知っている聞き手は、気を使ってしまいます。

むしろ、39ページで紹介した、「アホな後輩の話」のように、聞き手から見てまったく顔がわからない人についての話題なら、聞き手も気を使わずに「本当、その後輩、ヤバイね！」と一緒になって盛り上がれるので、大丈夫です。

もう1つは、**会話の参加者の中で、もしかしたら自分が平均より上かもしれない事柄についての自虐ネタです。**

例えば、正社員で年収300万円でカツカツだからと、もっとお金が無さそうなフリーターの人を前に、「金がなくてつらいな～！」なんて言ってしまうと、絶対に会話は盛り上がりません。普段、こういった踏み込んだ話をしていない友人であればなおのことです。

というわけで、友人だからといってなんでもあけすけに話すことはやめて、会話のNGトピックを意識することが必要です。

### ウケる人の対応力④

## 友人だからこそ、話題をきちんと選ぶ

## ウケる人は 自分のリード力を意識する

## スベる人は リード力を理解していない

職場でのコミュニケーションは特殊です。なぜなら、家族や友人との間のプライベートな会話とは違って、「必ずしも気の合う人と話しているわけではない」からです。

さらに、**職場での会話は、上下関係や年齢の違いなど、考慮しなければならない要素が大量にあります。**そのために、プライベートではウケる人で通っている人でも、職場ではスベる人、なんてこともありがちです。

そんな非常に繊細な人間関係でできている職場でウケる人になりたい方のために、ここでは、**「会話のリード力」**について解説します。

会話をしていると、多くの場合リードする側、される側に分かれます。それは、上下関係とは必ずしも一致しません。例えば、上司と部下が会話をしていたとしても、上司が常に会話をリードしているわけではありません。

こういった「会話のリード力」の強さを、インプロではステイタスが高い・低いという言葉で表します。そして、**多くの人は、会話のリード力の高低のどちらかを自分の好むポジションとしています。**

あなたが会話のリード力の高低のどちらを好む人なのかは、先輩や年上と仲良くするほうが得意なのか、部下や年下と接するほうが得意なのかで、おおよそ判定可能です。

先輩や年上と接する時は、相手に会話のリードを譲らなければならないことが多くなります。そのため、そちらが好みという人は、会話をリードするのがあまり得意ではないタイプと思われます。

一方、部下や年下と接するのが楽という人は真逆で、自分で仕切って話すほうが、割と好きな人なはずです。

例えば私の場合は、リードするのが好き＝ステイタスが高いほうが好みなようです。

実際、自分で会話を仕切れる場面では、水を得た魚のように饒舌《じょうぜつ》に話すことができて、笑いを取ろうというチャレンジも積極的にしています。

ですが、会話のリードを譲らなければならない場面では、極端におとなしくなってしまうこともあります。あるいは、主導権を相手に譲りきれず、相手が偉い人であっても、しゃべりすぎてスベる人扱いされることもあります。

## リード力の有無で、ポジションは大きく変わる

私と同じように、**会話の主導権を人に渡すのが嫌いな人は、「発言を会話全体の半分程度に抑える」ということを意識しましょう。**しゃべりすぎてもダメですし、黙りすぎるのもダメなので、「半分」というのを強く意識しましょう。

そうすれば、そもそもは話すのが苦手な人ではないので、これだけでも、周りからの印象は変わるはずです。

ウケる人の対応力⑤

# 職場の会話は「リード力」を意識する

一方、周りの人に会話をリードしてもらいたい人は、**周りに「会話をリードしてくださ い！」とアピールすると楽になります。**

例えば、年下の人と話そうとした時、あなたも相手も、どちらも会話のリードを取ろうとせず、沈黙が流れがちだったとします。

そういう時に、「私、普段から、割と人の話を聞くタイプなんだけど、お互いそういうタイプなのかな？　変な間が生まれちゃったね（笑）」なんて言ってみてください。

そうすると、年下の人も「この先輩には、もっと話すのが正解なのか！」と思って、気を使ってでも話してくれたりします。

というわけで、職場でウケる人になりたかったら、まずは、**自分がどういうトークが得意なのか自己分析してみましょう。**その上で、自分の苦手なことを克服しようという意識を持てば、今よりも職場でウケる人になれる可能性が高まります。

## ウケる人は
# 共同作業で笑いを取る

## スベる人は
# 一方的に笑いを取る

合コン・デートなどの異性を相手にしたプライベートでウケる話をしたい時、皆さんは、何に注意して話していますか？

多くの人は、「こういう女性（男性）は、こういう話題で笑う！」という、自分の経験をもとにした、自分なりのマニュアルを持っていると思います。

今回はそれに加えて、より合コン・デートでのトークで、ウケる人になるためのコツをお伝えします。

さて、友人の友人、ご近所さんなど、初対面の人と話す時の目的は、何でしょうか？

おそらく、多くの場合は「仲良くなる」とか「その場を楽しく過ごす」ということになると思います。

ですから、自分が笑いを取る側となって相手を笑わせ続けようが、何だろうが、会話が結果的に面白くなればよいという面があります。

しかし、合コン・デートなどの場合は、先ほどよりも一歩進んで、「パートナーになる」、あるいは「パートナーとして絆を深める」ということが目的になってきます。

ですから、片方が一方的に笑いを取っている状態というのは好ましくありません。

そうやって、自分のネタを消耗するようなことをしていたら、特に頻繁にデートをするような間柄では、すぐに飽きられてしまいます。

その代わりに、**「2人で笑いを作る」という共同作業をするとよいのです。**

この場合、話し役・聞き役に分かれるような会話ではなく、1つのトピックに対して、2人で掘り下げるという雰囲気をいかに作り出すかが、重要になってきます。

## 共同作業の笑いを演出する3つのテクニック

そのためには、いくつかはおさらいになりますが、次の3つのことを意識してください。

1つ目は、片方が話しすぎないことです。

先ほどの「会話のリード力」のところでも触れましたが、話しすぎてしまう人は「発言を会話全体の半分程度に抑える」ことを意識しましょう。

2つ目は、相手の話に興味を持って聞き、なるべくリアクションを大きくして、笑ってあげることです。

3つ目は、相手から質問を投げかけられたら、必ず脱線せずに答えることです。せっかく相手が興味を持ってくれたのに、あなたが別の話題を話し出したら、「2人で笑いを作る」ということは決してできません。

これらの基礎ができたら、最後に、**「相手の発言をまとめる」ということを意識的にしてみてください。**これは、明石家さんまさんがよく使っているテクニックなので、さんまさんをイメージするとわかりやすいかもしれません。

例えば、テレビでさんまさんが、結婚についての話をしていたことがありました。その時、女性芸能人が「やっぱり、収入が安定していないと結婚しづらい」というようなことを色々と語っていました。

すると、さんまさんは「たしかに、ダンボールで生活している人とは、そんなに結婚したいとは思わないだろうなー」と、話をまとめて笑いを取っていました。

このように、**「たしかに＋ちょっと大げさにまとめてボケる」というフォーマットが、共同作業の笑いを作る上で、とても有効なのです。**

このまとめ方を何回もやっていると、ガチっとハマってウケる瞬間が来るはずです。

1度や2度で効果が出ると思わずに、数を打てば必ず当たりますので、めげずに打ち続けてみてください。

## ウケる人の対応力⑥

# プライベートでは、共同作業の笑いを取る

## ウケる人は 沈黙を味方につける

## スベる人は 沈黙を過度に恐れる

大人数の前で話して笑いを取るということを、とても苦手にしている人が多くいます。

1対1にしろ、1対複数にしろ、普段、誰かと「会話」をする場合は、確実に相手のリアクションが返ってきます。ですから、相手の言動を見て、自分が次に何を話すべきかを、割と簡単に決められます。

一方、大人数の前で話す時は、聞き手は完全に聞き役です。ほぼ、一言も発しないで聞いていることがほとんどです。そうなると、話し手側は「相手の言動」という、自分の話を進める上でのバロメーターがなくなるので、頭が真っ白になってしまうのです。

では、どうしたらよいのかと言うと、**目の前にいる、リアクションの大きい誰か１人に注目することです。**そして、「その人を笑わせる」ということを意識して話し続けるのです。それをするだけで、聞いているのかどうかわからない相手と話している感覚がなくなり、だいぶ、楽に話ができるようになるはずです。

そして、もう１つ有効な方法として、**「沈黙」に慣れるようにしましょう。**普段誰かと会話をする時は、自分が黙っても、相手が話すので「沈黙」にはなりません。

ですから、人はすべての沈黙に対して、相手に「無視された・聞いてない」「怒られた・機嫌が悪い」というような、ネガティブな感情を持ってしまいます。

しかし、大勢の前で話す時は、自分が話すのを止めれば、沈黙になるのは当たり前です。ですから、この「沈黙」に対する価値観を変えるしかありません。

１８０ページでも触れたように、「沈黙」にはツッコミを入れてネタにすることができます。また同時に、沈黙は聞き手の注目を、より自分に集めるという効果があります。

# あえて数秒、黙ってみる

ですから、話し出す前、話題を切り替える前、何らかのオチを話した後などは、意識的に「沈黙」を自分で作りましょう。

特に、**話し出す前に、意図的に数秒間は沈黙を作って、その時に、リアクションが大きそうな人を探すのがオススメです。**そういう人は、こちらが「沈黙」すると、とてもワクワクした感じの顔で、あなたの目をまっすぐ見てくれているはずです。

この「沈黙に慣れる」ということができるようになると、あがり症などの問題がすべて解決される可能性があります。

実は、私は人前で話したいという欲望が強いタイプであるにもかかわらず、実際に人前に立つのが実に苦手だったのです。

そのため、ある時、薬物に頼ろうとしたことがありました。最初は、アメリカで習っていたスタンダップコメディのクラスで発表しなければならない時、緊張をほぐすために、事前にアルコールを飲んで人前で話してみたのです。

たしかに普段より、大胆にジェスチャーなどの体のアクションはできるような気がしたのですが、頭の回転力が遅くなった気がしました。ですから、ただでさえ頭が真っ白になって、セリフが飛びそうなのが、よりひどくなった気がしました。

その後、精神科の先生に抗不安薬などを処方してもらうと、人前で話すのが楽になると聞き、それも試してみました。しかし私の場合は、何だか眠くなるだけで、人前で話しやすくなる感覚は、全然ありませんでした。

そして唯一、効果があったのが**「沈黙に慣れる」という意識を持って、場数を踏んだことです。**というわけで、私は薬物に頼ってまで、人前で笑いを取ろうとする必要はないと思います。

ウケる人の対応力⑦

## 人前で話す時は、沈黙を上手に活かす

# おわりに

今回、文章でウケる人、スベる人の違いについて書く中で、私が非常に苦労していたことがあります。

それは、**笑いのロジックの微妙なニュアンスを、明確に言語化するということです。**

なぜなら、対面のワークショップなどとは違い、本という媒体は文章でしか説明できないために、言い回しの微妙なニュアンスなどを、実演することで伝えられないからです。

最初は、その作業が複雑で、おそらく、文章では説明しきれない部分もあるのだろうと思っていました。

しかし、本書を執筆する中で、**「笑いは、文章でちゃんと説明できるシンプルなロジックである」ということが明確にわかりました。**

やはり、人間同士の意思疎通の中で生まれるのが「笑い」ですから、明確なロジックがなくては、相手を笑わせることは不可能なようです。

さて、私は、この本を皆さんに、英語学習でいうところの「英語の基本ロジックが書かれた、基礎文法の本」のような位置づけとして認識していただけたら幸いです。

そして、ブロークンイングリッシュしか話せない人が、英文法を学んで、より正確な英語を話せるようになるのと同じように、本書をきっかけに自分の笑いに磨きをかけられる人が続出することを願っています。

特に、かつての私と同じような「素人お笑い評論家」の方々は、すでに、笑いに関する知識を豊富に持っていらっしゃいます。そうした方々は正しい笑いの文法を少し意識するだけで、すぐにウケる人として活躍できるはずです。

というわけで、これからは、日々の時間をともにする人たちから笑いを取り、ウケる人として楽しく生きていきましょう！

ここまでお読みいただき、ありがとうございました。

渡辺　龍太

〈著者略歴〉

**渡辺龍太**（わたなべ・りょうた）

放送作家、即興力養成講師（ハリウッド流インプロ協会会長）
高校生の頃にお笑い芸人を志すも、日本ではスベり続けた末に、一念発起してアメリカへ留学。その際、現地で「インプロ（即興力）」と呼ばれる科学的に研究されたアドリブトーク術と出会い、コミュニケーション能力が劇的に改善。以降、本格的にインプロや心理学を学び、体系的にまとめられた「人間が笑う話のロジックのパターン」の研究に没頭する。帰国後は、インプロで身につけたコミュニケーション能力を活かして、実績ゼロからNHKの番組ディレクターに就任し、放送作家となる。現在は、放送作家として活躍するかたわら、浅井企画メディアスクールでインプロワークショップなどの講師を経験したことをきっかけに、ビジネスマンや学生を対象に、様々な自治体や企業で精力的に講演やワークショップなどを行っている。2018年には、さらにインプロを広めるために、ハリウッド流インプロ協会を設立し、インプロ講師の養成にも注力している。
著書に、『1秒で気のきいた一言が出るハリウッド流すごい会話術』（ダイヤモンド社）がある。

インプロの体験会を毎月開催しています。下記のアドレスからメルマガにご登録いただいた方に、コミュニケーションに関する気づきや、体験会の場所や時間を配信しています。
http://kaiwaup.com/e-book/
講演・ワークショップの問い合わせ　ryota7974@gmail.com

ウケる人、スベる人の話し方

2019年2月5日　第1版第1刷発行

著者　渡辺龍太
発行者　後藤淳一
発行所　株式会社PHP研究所
東京本部　〒135-8137　江東区豊洲5-6-52
第二制作部ビジネス出版課　☎03-3520-9619（編集）
普及部　☎03-3520-9630（販売）
京都本部　〒601-8411　京都市南区西九条北ノ内町11
PHP INTERFACE　https://www.php.co.jp/

組版　有限会社エヴリ・シンク
印刷所　図書印刷株式会社
製本所

 ISBN978-4-569-84208-0